Collection of Articles
(Russian)

By:
Rustam Umurbayev

© Taemeer Publications LLC
Collection of Articles *(Russian)*
by: Rustam Umurbayev
Edition: August '2023
Publisher:
Taemeer Publications LLC (Michigan, USA / Hyderabad, India)

ISBN 978-93-5872-154-6

© **Taemeer Publications**

Book	:	***Collection of Articles*** *(Russian)*
Author/s	:	Rustam Umurbayev
Publisher	:	Taemeer Publications
Year	:	'2023
Pages	:	104
Title Design	:	*Taemeer Web Design*

«ЕВРОПЕЙСКАЯ ПОЛИТИКА В XXI ВЕКЕ»

Аннотация. *В настоящее время в Европейском Союзе существует целая система институтов, обеспечивающих осуществление процесса международной экономической интеграции.*

Ключевые слова: *Европа, интеграция, политическая, экономическая, система, давление.*

Введение. Совет Европы фактически начал функционировать в 1974 году, но его статус был официально оформлен единым европейским законом в 1986 году. В его состав входят главы государств и правительств ЕС, а также президент Европейской комиссии. Совет Европы устанавливает общие политические руководящие принципы развития Европейского Союза, которые собираются два раза в год в соответствии с правилами Европейского Союза. На этих встречах обсуждается общее состояние и важнейшие проблемы Европейского союза, а также общее состояние мировой экономики и политики, определяются приоритеты деятельности, принимаются соответствующие программы и стратегические решения. При необходимости созываются внеплановые заседания

Совета для принятия решений по сложным насущным вопросам. Политические решения, принятые Европейским союзом, затем преобразуются в правовые акты и решения, принятые соответствующими институтами ЕС.

Совет Европейского союза (Совет министров) является высшим законодательным органом ЕС. Совет имеет право принимать решения, обеспечивает координацию общей экономической политики государств-членов, руководит бюджетом (совместно с Европейским парламентом) и заключает международные договоры.

Совет Европейского Союза состоит из представителей государств-членов ЕС на уровне министров национальных правительств. На практике существует более 25 советов, которые занимаются конкретной деятельностью Yi и объединяют соответствующих министров стран-участниц (например, транспортный совет объединяет министров транспорта стран Yi).

Европейская комиссия (Комиссия Европейских сообществ - CES) является исполнительным органом Yi, который разрабатывает законодательные предложения Yi как по собственной инициативе, так и от имени Европейского парламента или Совета Европы и направляет их в Совет. Комиссия контролирует применение законодательства, принятого Советом, может применять санкции в случае нарушения, например, направлять дела в суд Европейского Сообщества.

Кроме того, комиссия уполномочена принимать решения, управлять бюджетом и финансами в области сельского хозяйства, торговли, конкуренции, транспорта, функционирования единого внутреннего рынка, охраны окружающей среды и т. д., а также несет ответственность за бюджетные расходы. Европейская комиссия состоит из нескольких отделов (в разных сферах деятельности), члены комиссии независимы от национальных правительств в своей деятельности, поскольку она является (совместно с Европейским парламентом) наднациональным органом.

Европейский парламент-избирается на прямых всеобщих выборах. Он участвует в законодательном процессе ЕС и осуществляет надзор за деятельностью Европейской комиссии и других институтов ЕС, утверждает бюджет ЕС и заключает межгосударственные соглашения. С 1979 года Европейский парламент избирается прямым голосованием.

Суд Европейских сообществ (Европейский суд) в конце 2007 года состоял из 27 судей (по одному от каждого государства-члена) и дополнительного судьи, а также юрисконсульта.

Суд регулирует разногласия между самими государствами-членами ЕС и Европейским союзом, институтами ЕС, и юридическими и физическими лицами; делает выводы по международным договорам; принимает предварительные решения (юридически необязательные) по делам, поданным в национальные суды.

Суд налагает штрафы государствам-членам ЕС на тех, кто не выполняет его приказы.

Однако компетенция суда не распространяется на новые сферы деятельности Европейского Союза, предусмотренные Маастрихтским договором (общая внешняя политика и Политика безопасности и сотрудничество государств-членов ЕС в области правосудия и внутренних дел).

В 1989 году в соответствии с единым европейским законом был дополнительно учрежден суд первой инстанции для облегчения судебного разбирательства. В его компетенцию входит рассмотрение претензий отдельных лиц и компаний к учреждениям и органам ЕС; споры, связанные с правилами конкуренции; трудовые споры; применение антидемпинговых процедур и др.

Кроме основных органов в ЕС существуют рабочие органы: палата аудиторов (Счетная палата), экономический и социальный комитет и Комитет регионов - консультативные органы, представляющие интересы различных экономических и социальных категорий граждан и регионов. Существует Европейский инвестиционный банк, задачей которого является кредитование проектов, связанных со структурной коррекцией в государствах-членах ЕС; Европейский инвестиционный фонд, который в основном предоставляет гарантии по кредитам малым и средним предприятиям и, наконец, Европейский центральный банк, был создан в соответствии с Маастрихтским договором и с 1999 года является независимым органом денежно-кредитной политики в валютно-экономическом союзе.

Заключение. Существенные изменения в институциональной системе ЕС происходят в связи с вступлением в силу 1 декабря 2009 года Лиссабонского договора о реформе ЕС. Вступление в силу Лиссабонского договора означает, что создаются новые условия для дальнейшей интеграции ЕС, упрощаются механизмы принятия решений внутри ЕС, создается полноценная европейская (в рамках ЕС) дипломатическая служба, расширяются полномочия Европейского парламента.

Список использованной литературы:

1. Оборина Е.Д. Зарубежный подход к оценке эффективности кластерной политики // Региональная экономика и управление: электронный научный журнал. – 2016. – № 4(48). – С. 615-622. (https://eee-region.ru/article/4851/).

2. Sölvell Ö. Clusters, Balancing Evolutionary and Constructive Forces. – Stockholm: "Ivory Tower Publishers", 2008. – 137 p.

3. Enright M., Hung S., Prof. Kai. Survey on the Characterization of Regional Clusters: Initial Results. Working Paper. – Hong Kong: University of Hong Kong, 2000. –P. 15. (http://www.paca-online.org/cop/docs/Michael_Enright__Survey_on_the_characterization_of_regional_clusters.pdf).

«БОРЬБА С ТЕРРОРИЗМОМ И РЕЛИГИОЗНЫМ ЭКСТРЕМИЗМОМ»

Аннотация. Терроризм - политико-правовой, исторический, социально- психологическим, межрелигиозным и другим проблемам. Корни очень сложны, разнообразны и изменчивы и это ужасное явление, которое увеличивается день ото дня. В данной статье террористические действия и их о негативных последствиях нашей страны и мира предоставляется информация.

Ключевые слова: терроризм, экстремизм, Цинизм АУМ, диктатура, тоталитарная, «аль-Джайш (Справедливость)», «Аль-Каида», против терроризма «Операция», «Борьба с терроризмом», «Борьба с религиозным экстремизмом».

Введение. Терроризм (лат. «террор» - страшный, ужас) - политические соперники, потеря или запугивание среди населения вызывает панику и хаос акты насилия, направленные на (преследование совершение, взлом, похищение, убийство, взрывные работы и др.). Только терроризм организованный и групповой терроризм (например, экстремистских политических групп (например, действия) делятся на категории.

Государственный терроризм в политической науке используется также понятие (диктатура и репрессии тоталитарных режимов). Терроризм существует со времен Средневековья встречается в регионах и странах. Но с конца прошлого века появились новые формы (иностранные главы государств и правительств, убийство их дипломатических представителей или похищение людей, посольства, миссии, здания международных организаций взрывные работы, аэропорты и вокзалы взрывы, самолеты похищение людей, захват заложников и и т.д.). Широко распространен международный терроризм, терроризм стал откровенно политическим. Террористами являются правительства некоторых стран и поддержка близлежащих структур были случаи Они есть преступлений, совершенных повысился уровень общественной опасности. ядерная, химическая, риск сброса биологического оружия увеличился, появился электронный терроризм это было. Терроризм часто носит религиозный характер. С экстремизмом, наркобизнесом и сепаратизмом наблюдается зависимость и переплетение с конца XX века - начала XXI века терроризм представляет большую угрозу для жизни людей, а также выявление его злых намерений (Нью-Йорк в 2001 г.).

Международная торговля в США - два небоскрёба центра он был уничтожен за несколько минут. Также Северная Ирландия и «IRA» в Англии, «TTA» в Испании, ведение преступной деятельности в Азии «Аль-Каида» отличается от поверхности земли около 500 террористов по углам организации делают все виды гнусных вещей стал увеличиваться. Официальная информация с 1975 по 1994 год от 9 тысяч в разных странах мира происходит больше террористических актов сделанный, или, говоря иначе, злые силы сами от 1,3 раза в день показали свой оскал. Террорист сегодня - процесс дальнейшей активации действий, что собственно говоря и происходит. Глобальный XXI век стал тому проблемой. Террористические организации существуют сами по себе вредоносно, используя все возможности кровавого марша для достижения своих целей. Они отличаются тем, что применяют химическое и биологическое оружиедля достижения определённых целей. Такое оружие применялось более 200 раз.

1994 год - Мацумото, Япония религиозный террорист «АУМ Синрикё» в городе отравитель зарина по организации 7 человек в результате употребления вещества умерли, 114 человек признаны в разной степени получил ранения. В 1995 году этот террорист 16 в токийском метро организацией из-за отравления станции метро Погибли 12 пассажиров, 4 тысячи разных людей был тяжело ранен. Систан в Иране, Белуджистан и Западный Азербайджан

В провинциях нет трех террористических групп и 21 марта в Саравоне виновные в теракте задержаны. Систан и другие члены группы в Белуджистане прошли военную подготовку в стране и совершил преступление под руководством группы Связан с террористической группировкой «Джейш аль-Адл». был Двое от лидера группы пулемет, а также изготовление бомб некоторое оружие и материалы были найдены для

В заявлении он ранее был наркоманом с незаконным оборотом наркотиков и убийствами занимается вестерн Разграбление Азербайджана и совершение террористических актов вооруженная группа, вторгшаяся с целью с последующим сопровождением и В районе, граничащем с Урмией от них после вооруженного конфликта двое были убиты и один сбежал ушел произошло в нашей стране, в том числе, 16 февраля 1999 г.

- Ташкент, 2001 г. - Сурхандарьинская область, в мае 2005 г. в Андижане десятки террористических актов, заставляет людей умирать. Терроризм - явление политическое и правовое. исторические, социально-психологические, межрелигиозные и связанные с другими проблемами очень сложный, разнообразный, меняется и растет день ото дня непрекращающаяся катастрофа. Устранить это с решением этих проблем также зависит. Потому что до сих пор к консенсусу по определению терроризма не так, как ожидалось. 15 декабря 2000 г. В Республике Узбекистан принята «Борьба с терроризмом» на комментарии, данные в Законе воспитывать определенные понятия формы. в заложниках человек - взятый в плен или задержанный государство как условие освобождения личности органы и органы управления, международные организации, а также некоторые лица от совершения каких-либо действий для принуждения к воздержанию захватили террористы или задержанное физическое лицо. Террорист - осуществление террористической деятельности лицо, участвующее в акции.

Террористическая группа - предварительный язык Совершение террористических актов готов к такому действию видел или пытался совершить группа лиц, создавшая террористическую организацию - двух и более лиц или терроризм террористических групп стабильно осуществлять свою деятельность слияние. против терроризма Операция «Остановить терроризм» постановка и ее последствия минимизация, а также физические обеспечение безопасности людей и обезвредить террористов сфокусированные, скоординированные и взаимоисключающие набор событий. против терроризма район проведения операции - место или отдельные участки акватории, воздушное пространство, транспортные средства, здания, зданий, сооружений, домов и антитеррористическая операция. Смежные с ними по объему передачи регионы.

Борьба с терроризмом. терроризму Узбекистан - мир в борьбе с сообщество в первую очередь, страны вместе для единства действовать по своей глобальной проблеме чтобы предотвратить вращение с кафедры престижных международных организаций - крикнул он. Президент нашей страны И. А. Каримов ООН в 1993 г.

Заключение. Именно в своём выступлении на организации против терроризма и его материальных ресурсов мировому сообществу, предлагаемых совместными действиями. Также в нашей стране будучи одним из первых, к терроризму и к последствиям, которые он вызывает. Впервые был принят закон о боевых действиях сделанный. Согласно этому закону, Узбекистан Следующие государственные органы в Республике вести борьбу с терроризмом

Увеличивает: Охрана государственных границ Государственный таможенный комитет, Министерство обороны и чрезвычайных ситуаций «Борьба с терроризмом». Согласно Закону Узбекистана в Службу государственной безопасности Республики в борьбе с терроризмом остальных министерств и комитетов предотвращение террористических актов, их выявление, устранение и определенные в установлении мер поручена координация.

Список использованной литературы:

1. Каримов И.А., Узбекистан на пороге XXI века: угрозы безопасности, условия стабильности и гарантии развития, Терроризм, 1997.

2. Каримов И. А., Об опасности терроризма, Терроризм, 2001.

3. Каримов И.А., Мир и безопасность нашей Родины зависят от нашей силы и мощи, нашего народа, зависит от его единства и несгибаемой воли. Терроризм, 2004.

4. Раджабова М., Проблемы борьбы с религиозным экстремизмом и терроризмом, Терроризм, 2003.

5. УзМЭ, том первый, 2001. Мирзаюсуф Рустамбоев.

«Гендерное равенство»

Аннотация. В данной статье отражена необходимость гендерного равенства в мире, в период глобального роста, необразованности женщин в некоторых странах и снижения уровня образованности следующего поколения. Также указаны основные направления и индикаторы построения общества гендерного равенства в Узбекистане. Индекс низкой ценности женщин ЮНИСЕФ, способы предотвращения сексуального насилия.

Ключевые слова: гендерное равенство, гендерные различия, программы ЮНИСЕФ, индекс женского счастья, сексуальное насилие.

Введение. Расширение прав и возможностей женщин, ускорение процесса устойчивого развития - чрезвычайно важный принцип. Ликвидация всех форм дискриминации в отношении женщин и девочек важна не только с точки зрения защиты прав человека, но и является одним из мощных факторов, влияющих на развитие других сфер.

В современную эпоху мирового развития вопросы обеспечения равноправия женщин и мужчин во всех сферах общественной жизни становятся одной из приоритетных задач процессов развития человечества, прав и свобод человека, социальной справедливости и безопасности человека. Вот и этот вопрос остаётся актуальным не только в нашей республике, но и во всём мире.

Анализ и методология. Вопросы обеспечения равных прав и равных возможностей мужчин и женщин отражены в следующих ключевых международных документах: Рио-де-Жанейрская декларация по окружающей среде и развитию (Рио-де-Жанейрская декларация, 1992 г.), Каирская конференция по народонаселению и развитию (1994 г.), Пекинская конференция о положении женщин (1995 год) и Стамбульской конференции по населенным пунктам (1996 год). Это Всеобщая декларация прав человека, Конвенция о ликвидации всех форм насилия в отношении женщин, Цели развития тысячелетия и другие.

Для государств-членов ООН полное выполнение своих национальных обязательств по обеспечению равенства между женщинами и мужчинами означает внесение существенного вклада в достижение Целей развития тысячелетия и поддержку принципов ООН.

Равноправие женщин и мужчин закреплено в Конституции Республики Узбекистан, основном законе нашей страны, как сказано в его статье 18, «В Республике Узбекистан все граждане имеют равные права и свободы, независимо от пола, расы, национальности, языка, религии, независимо от социального происхождения, вероисповедания, личного и общественного положения, они равны перед законом». частью демократического правления. Происходящие в мире процессы подтверждают, что политика экономического развития не может быть гендерно нейтральной, существует прямая связь между гендерным равенством и экономической эффективностью. Учитывая потребности и интересы полов, создание равных возможностей для женщин и мужчин улучшает положение женщин и мужчин, укрепляет семью, способствует физическому и умственному развитию детей и, в конечном счете, укрепляет потенциал и возможности экономического развития нации. С другой стороны, экономическое развитие также создаёт широкие возможности для повышения уровня гендерного равенства в долгосрочной перспективе.

В то же время в Узбекистане происходят кардинальные изменения в социально-экономической, духовно-интеллектуальной жизни страны, актуальным вопросом остается гендерное равенство, то есть равноправие женщин и мужчин.

Здесь возникает вопрос, что означает термин «гендер»?

Термин «гендер» был введен в научный обиход в 1968 году американским психологом Столлером и означает «пол».

В целях обеспечения гендерного равенства принят Закон «Женщины, девушки и мужчины имеют равные права и не зря принят Закон о гарантиях возможностей.

Полученные результаты. Считая возможность получения образования, профессионального обучения и развития малых навыков решающим фактором расширения прав и возможностей женщин и девушек и повышения их благосостояния, право на образование в республике гарантируется всем гражданам независимо от пола, Конституция Республики Узбекистан (статья 41) является свидетелем. Равные права женщин и мужчин на образование определяются Законом Республики Узбекистан «Об образовании», а в части физического развития и спорта - Законом «О физической культуре и спорте» (статья 2). В целях дальнейшего расширения участия женщин и девушек на уровне принятия решений Президент Республики Узбекистан издал указ «О» от 2 марта 1995 года. «О мерах по повышению роли женщин в государственном и общественном строительстве Республики Узбекистан» и «Дополнительные меры по обеспечению деятельности Комитета женщин Узбекистана» от 25 мая 2004 года о «постановлениях и постановлении Кабинета Министров Республики Узбекистан». министров по этим вопросам. Равноправие женщин и мужчин закреплено в основном законе нашей страны - Конституции Республики Узбекистан, как сказано в ее статье 46 «Женщины и мужчины имеют равные права». Конституция Республики Узбекистан гарантирует каждому человеку полный набор личных, социальных, политических, культурных и экономических прав Международной конвенции о правах человека. Наш основной закон закрепляет незыблемость прав и свобод каждого человека, и никто не вправе их ограничивать. С первых дней независимости Республика Узбекистан поддержала демократические принципы и присоединилась почти к 70 основным международным документам по правам человека. Это Всеобщая декларация прав человека, Конвенция о ликвидации всех форм насилия в отношении женщин, Цели развития тысячелетия и другие. Организация Объединённых Наций присоединилась почти к 70 основным международным документам по правам человека. Это Всеобщая декларация прав человека, Конвенция о ликвидации всех форм насилия в отношении женщин, Цели развития тысячелетия и другие и Организация Объединенных Наций присоединился почти к 70 основным международным документам по правам человека. Это Всеобщая декларация прав человека, Конвенция о ликвидации всех форм насилия в отношении женщин, Цели развития тысячелетия и другие и Организация Объединённых Наций.

Принят ряд международных законов по защите прав и свобод женщин. В частности, «Конвенция о политических правах женщин», принятая в 1954 г., «Конвенция о гражданстве замужних женщин», утвержденная в 1958 г., «Конвенция о ликвидации всех форм дискриминации в отношении женщин». основу правовых реформ стран мира в этой сфере.

На сегодняшний день почти 80% женщин нашей республики работают в основном в двух социальных сферах - образовании и здравоохранении. Но теперь ожидается количество женщин на важных должностях в государственном управлении, таких как политики, дипломаты и министры.

Гендерное равенство достигается, когда женщинам и мужчинам создаются равные условия, равное обращение и равные возможности. Он позволяет женщинам и мужчинам проявить свои способности, в полной мере выразить ценность прав человека и их ценность; содействовать экономическому, социальному, культурному и политическому развитию своих обществ; и преимущества такого развития достигаются. Гендерное равенство основано на том, что оба пола имеют равные права и возможности дома и в обществе. Это процесс справедливости и средство достижения гендерного равенства.

В списке Организации Объединённых Наций важное место занимает обеспечение гендерного равенства, расширение прав женщин и девочек, повышение их роли в обществе. Это требует решения гендерных практик - дискриминационной политики, властных структур, процессов социализации и т.д. Критики этой концепции утверждают, что концепция равенства заключается в предоставлении всем равных возможностей. Недоброжелатели концепции гендерного равенства считают это невозможным, потому что «мужчины и женщины отличаются друг от друга, и не только физически, но и ментально, потому что если женщины вынуждены делать то, что делают мужчины, то это их хобби», заботиться о детях, ходить по магазинам, красить лица косметикой, они не могут заниматься своими делами, такими как приготовление разных блюд, и в результате они не счастливы. Если женщины выполняют в обществе только мужскую работу: рубят дрова, ремонтируют машины, управляют бульдозерами, они чувствуют себя как психически, так и физически напряженными. Однако сторонники теории гендерного равенства утверждают, что эта идея является патриархальной для многих поколений и оказывает большое влияние на восприятие людьми антинаучных учений, стереотипов и общественного мнения. По мнению некоторых психологов и социологов, в современном обществе широко распространено представление о том, что психика, характер, поведение и образ мышления зависят от пола. Хотя критики концепции равенства в целом признают сущность этой концепции,

В 2015 году Отделение ООН по гендерному равенству и расширению прав и возможностей женщин в Пакистане подготовило отчет. Этот доклад известен как Структура «ООН-женщины». Одним из важных вопросов доклада стал вопрос занятости женщин. По мнению авторов отчета, несмотря на то, что количество женщин с высшим образованием достигло максимального уровня, чем прежде, их положение с трудоустройством выглядит печально. Молодые женщины, окончившие университеты с отличием и отличием, особенно по таким предметам, как медицина и математика, все чаще не могут найти работу, несмотря на то, что по успеваемости они все больше опережают юношей. Даже те, кому удается найти работу, страдают от незащищенности и недостаточной оплаты. Этот вопрос особенно актуален в развивающихся странах, где 75 процентов рабочих мест женщин не защищены юридическими обязательствами работодателя. Как отмечается в отчете, ситуация с гендерным равенством в развитых странах также находится не на идеальном уровне. Например, в Швеции и Франции женщины зарабатывают на 31% меньше, чем мужчины, в Германии - на 49%, а в Турции - на 75%. По мнению авторов доклада, основными мерами по борьбе с гендерным неравенством являются женщины во всем мире. Ситуация с гендерным равенством в развитых странах не идеальна. Например, в Швеции и Франции женщины зарабатывают на 31% меньше, чем мужчины, в Германии - на 49%, а в Турции - на 75%. По мнению авторов доклада, основными мерами по борьбе с гендерным неравенством являются женщины во всем мире. Ситуация с гендерным равенством в развитых странах не идеальна. Например, в Швеции и Франции женщины зарабатывают на 31% меньше, чем мужчины, в Германии - на 49%, а в Турции - на 75%. По мнению авторов доклада, основными мерами по борьбе с гендерным неравенством являются женщины во всём мире, а также меры, связанные с обеспечением хороших рабочих мест и повышением их образовательного потенциала.

Существуют также рабочие программы, разработанные ЮНИСЕФ по гендерному равенству:

1. Гендерная дискриминация. Эта программа отдает предпочтение обоим полам, что может привести к углублению неравенства.

2. Гендерно-слепое программирование. Программирование, которое игнорирует гендер, может поддерживать статус-кво или усиливать неравенство.

3. Гендерно-чувствительная программа - признаёт, но серьезно не устраняет неравенство.

4. Программа с учётом гендерных аспектов. Выявляет и удовлетворяет разнообразные потребности девочек и мальчиков, женщин и мужчин, помогая достичь равных результатов для всех.

5. Гендерная трансформация. Явно направлена на устранение гендерного неравенства, устранение системных барьеров и расширение прав и возможностей обездоленных групп населения.

Результаты этого исследования показали, что программа мотивировала учителей изменить свое отношение к девочкам и помогла сократить количество прогулов в школе.

Внешняя оценка показала, что более 90 процентов мужчин и женщин-участников клуба выразили уверенность в себе, готовность высказать свое мнение и желание получить высшее образование, мальчики сообщили о большем уважении к девочкам, а девочки сообщили о меньшем притеснении со стороны мальчиков. Подход к мониторингу становится всё более институционализированным в современных системах. В Австралии, например, эта программа привела к следующему: Австралия добилась больших успехов за последнее десятилетие. После того, как Джулия Гиллард стала первой женщиной-премьер-министром страны в 2010 году, Джули Бишоп стала первой женщиной-министром иностранных дел страны в 2013 году, а Марис Пейн стала первой женщиной-министром обороны страны в 2015 году. С 2016 года количество женщин среди дипломатических работников Австралии неуклонно растёт. В 2021 году 49 из 118 глав зарубежных миссий Австралии (послов, генеральных консулов и верховных комиссаров) - женщины. Это составляет 40% от общего числа позиций. Кроме того, Австралия подтвердила свое обязательство поддерживать женщин в зонах конфликтов и стихийных бедствий, приняв новый национальный план действий по вопросам женщин, мира и безопасности. Для этого Австралия обязалась увеличить участие и лидерство женщин в секторах безопасности и внешней политики. И это показывает своё положительное влияние. генеральные консулы и верховные комиссары) - женщины. Это составляет 40% от общего числа позиций. Кроме того, Австралия подтвердила свое обязательство поддерживать женщин в зонах конфликтов и стихийных бедствий, приняв новый национальный план действий по вопросам женщин, мира и безопасности. Для этого Австралия обязалась увеличить участие и лидерство женщин в секторах безопасности и внешней политики. И это показывает свое положительное влияние. генеральные консулы и верховные комиссары) - женщины. Это составляет 40% от общего числа позиций. Кроме того, Австралия подтвердила свое обязательство поддерживать женщин в зонах конфликтов и стихийных бедствий, приняв новый национальный план действий по вопросам женщин, мира и безопасности. Для этого Австралия обязалась увеличить участие и лидерство женщин в секторах безопасности и внешней политики. Это и показывает своё положительное влияние.

Соображения. Эти рабочие программы были необходимы не только для развитых, но и для слаборазвитых стран. Практические исследования показывают, что образовательный потенциал девочек результаты плохие, включая неполное среднее образование и более низкий уровень развития навыков, чем у мальчиков. Основные причины: девушки в отношениях беременеют и бросают, 3 из 4 подвергаются физическому насилию и бросают. 1 из 3 человек подвергается сексуальному насилию. Чтобы этого не допустить, рабочие программы применили свои стратегические направления в разных странах, например, члены гендерно-преобразующей рабочей группы в Танзании ввели бесплатное питание и бесплатные автобусы для обучения девочек в школе, в дополнение к психологическим тренингам в школы, о и для учителей, гендерно-равные классы, женский клуб, были организованы мероприятия, посвященные самоуважению. В других странах индекс счастья женщин был очень низким, поэтому мы можем использовать эти методы для создания многих программ, связанных с повышением индекса счастья и обеспечением гендерного равенства в нашей стране, Узбекистане, потому что, когда женщины имеют высокий уровень образования, там будет развитие в стране, а будущий ребенок родится психически и физически здоровым. Безусловно, эти показатели растут и в Узбекистане, например, вопрос гендерного равенства поднят на уровень государственной политики, принято 25 законодательных документов, касающихся сферы. Комиссия Республики Узбекистан по вопросам обеспечения гендерного равенства, В Сенате Олий Мажлиса Республики Узбекистан создан Комитет по делам женщин и девочек и вопросам гендерного равенства. Впервые в истории Узбекистана количество женщин в парламенте достигло уровня, соответствующего рекомендациям ООН, количество женщин в парламенте достигло 32% и поднялось на 37 место среди 190 парламентов в мире. Ситуация, безусловно, отрадная: доля женщин на руководящих должностях достигла 27%, в партиях - 44%, в вузах - 40%, в предпринимательстве - 35%. В целях оказания социально-экономической поддержки женщинам и индивидуальной работы с ними была внедрена система «Женский регистр», ежегодно из государственного бюджета выделялось 300 миллиардов сумов. Малообеспеченные девочки, потерявшие родителей или одного из них, не имеют кормильца. Введена система оплаты обучения одиноких женщин, вдвое увеличено количество стипендий девушкам из малообеспеченных семей при поступлении в высшие учебные заведения. В целях развития женского предпринимательства более 224 тысячам женщин выделены льготные кредиты на сумму 6,9 трлн. сумов. Реформы, проводимые в сфере, положительно сказываются на месте нашей страны в международных рейтингах, а в Индексе женщин, бизнеса и права Всемирного банка Узбекистан входит в число 27 стран, осуществивших значительные реформы в части улучшения положения женщин. прав и гендерного равенства в 2020г. вошла в список и поднялась на 5 мест и заняла 134 место среди 190 стран. удвоилось количество стипендий девушкам из малообеспеченных семей для поступления в учебные заведения. В целях развития женского предпринимательства более 224 тысячам женщин выделены льготные кредиты на сумму 6,9 трлн. сумов. Реформы, проводимые в сфере, положительно сказываются на месте нашей страны в международных рейтингах, а в Индексе женщин, бизнеса и права Всемирного банка Узбекистан входит в число 27 стран, осуществивших значительные реформы в части улучшения положения женщин прав и гендерного равенства в 2020 году. вошла в список и поднялась на 5 мест и заняла 134 место среди 190 стран. Удвоилось количество стипендий девушкам из малообеспеченных семей для поступления в учебные заведения. В целях развития женского предпринимательства более 224 тысячам женщин выделены льготные кредиты на сумму 6,9 трлн. сумов. Реформы, проводимые в сфере, положительно сказываются на месте нашей страны в международных рейтингах, а в Индексе женщин, бизнеса и права Всемирного банка Узбекистан входит в число 27 стран, осуществивших значительные реформы в части улучшения положения женщин. прав и гендерного равенства в 2020г. вошла в список и поднялась на 5 мест и заняла 134 место среди 190 стран.

Заключение. В заключение следует отметить, что все равны независимо от пола и имеют право использовать возможности ни в обществе, ни в семье. В экспериментах было замечено, что неравенство приводит к депрессии и незащищенности среди женщин. Я думаю, что все это тесно связано. Исследования показывают, что основные причины неравенства, а именно неполная занятость женщин и более низкая заработная плата по сравнению с мужчинами, являются серьезной проблемой, и учёт гендерной проблематики является верным способом решения этой проблемы. Решение этих проблем приведёт к повышению уровня высшего образования в обществе. Также стоит упомянуть, что, когда матери будут образованными и образованными, дети, то есть будущее страны, также будут образованными, что окажет значительное влияние на развитие общества.

Список использованной литературы:

1. Фонд гендерно-трансформационных подходов ЮНИСЕФ https://cutt.ly/6hatOke.

2. Решение Сената Олий Мажлиса Республики Узбекистан № SQ-297-IV от 28.05.2021 г.

3. https://lex.uz/docs/-5466673.

4. https://uz.wikipedia.org/wiki/Gender_equality.

5. heconversation.com/tudge-stands-aside-while-claim-of-kicking-former-staffer-Investigated-173064.

6. Тохиров А.И. "НАПИСАНИЕ УПРАВЛЯЮЩИХ ПРОГРАММ ДЛЯ СЧПУ"//Универсум: технические науки: эл. науч. журнал. 2021.5(86). URL: https://7universum.com/ru/tech/archive/item/11810. DOI10.32743/UniTech.2021.86.5.11810.

7. Тохиров А.И. "ПОРЯДОК ПРИМЕНЕНИЯ CAD/CAM/CAE - СИСТЕМ В НАУЧНЫХ ИССЛЕДОВАНИЯХ"//Универсум: технические науки: эл. научн. Журнал. 2021.6(87). URL:https://7universum.com/ru/tech/archive/item/11836. DOI10.32743/UniTech.2021.87.6.11836.

«ГЕОПОЛИТИКА ЕВРОПЫ»

Аннотация. С начала 21 века Европа, регион, простирающийся от Атлантического океана до России, стала театром нового соперничества. Предпосылкой для любого надлежащего изучения этих новых силовых игр является точное знание географических характеристик и новейшей истории Европы, продолжающейся истории разделения, воссоединения и инакомыслия.

Ключевые слова: геополитика, война, Европа, торговые отношения, дипломатия.

Введение. Европа снова стала разделённым континентом. Когда дело доходит до управления, существует два полюса: один западный и демократический, другой Восточный и автократический. Разделительная линия между ними становится все более четкой, угрожая создать два разных мира. После переходных процессов 1989 года ряду стран удалось переместиться с одного полюса на другой. Некоторые остаются зажатыми между ними. Постолимпийское вторжение России в Крым в 2014 году, по-видимому, направлено на то, чтобы еще больше обострить это разделение и поместить по крайней мере часть Украины на восточную сторону. Другие европейские страны, такие как Молдова, может постигнуть аналогичная участь.

Этот новый раскол в Европе возникает в результате столкновения двух геополитических концепций континента: одна из них - западный проект «единой и свободной Европы», расширяющейся зоны экономического сотрудничества, политической взаимозависимости и демократических ценностей (Граббе-2003; Хигашино-2004; Шиммельфенниг-2001). Другой - российский проект создания «Евразийского союза», конкурирующего с Европейским Союзом, привилегированной сферы влияния среди бывших советских республик, которая разделит Европу на отдельные политические и экономические блоки (Амбросио-2009; Кэмерон и Оренштейн-2012; Kramer-2008). Эти геополитические проекты различаются по множеству аспектов: их концепции европейского пространства, его управления, ценностей и экономики. Они представляют два европейских мира, которые несовместимы и, вероятно, будут находиться в напряжении в течение длительного времени.

Фундаментальный и нерешенный вопрос в Европе заключается в том, может ли когда-либо быть окончательно решена восточная граница Европейского союза. Этот вопрос поднял Тимоти Гартон Эш в известной статье в New York Review of Books (Ash-2001). В своем письме незадолго до расширения Европы он утверждал, что проблема, стоящая перед Европой, заключается не в том, будет ли это Европа из пятнадцати или двадцати семи государств, а в том, будет ли это Европа из сорока одного или сорока двух государств и будет ли Молдова в их числе? Это оказалось пророческим моментом в Европе, географические границы которой плохо определены и часто оспариваются. Турция уже давно является претендентом на членство в Европейском союзе. Обоснованием подачи Турцией заявки на членство является, отчасти, географическое положение, благодаря ее владению небольшим участком территории, который, бесспорно, является европейским - на западной стороне пролива Босфор. Следуя этой логике, Украина и Россия также могли бы претендовать на статус претендентов на членство. Тем не менее, чувствуется, что география - не единственный фактор, который имеет значение для квалификации страны как европейской. Бывшие европейские колонии, ныне североафриканские государства, подписали соглашения об ассоциации с Европейским союзом, включая Марокко и Тунис. Израиль может однажды стремиться к тому же самому. Эти страны расширяют географическое определение Европы, однако их претензии могут однажды быть признаны, поскольку Европейский союз никогда не заявлял, является ли определение «европейский» культурным, географическим, моральным, лингвистическим, историческим или религиозным. В Европе действительно есть неевропейские территории, например, острова в Карибском бассейне и в других местах, таких как Фолклендские острова.

После многих лет настаивания на том, что она выступает против расширения НАТО, но не Европейского союза, Россия в 2012 году начала накладывать вето на членство в ЕС бывших советских республик, стремясь установить восточную границу европейского проекта. Россия достигла своих целей с помощью различных средств. Она стремилась наладить свои собственные альтернативные геополитические связи с бывшими советскими государствами, совсем недавно с Евразийским таможенным союзом. Она также использовала тактику принуждения, чтобы помешать своим соседям присоединиться к Европе, включая угрозы торговых войн, прекращения поставок или повышения цен на газ, а также военные угрозы или вторжение. С вторжением в Крым Россия стремится определить пространство Европейского союза как не включающее Украину. Конечно, это отличается от европейской концепции.

В то время как для России продолжающееся расширение Европейского союза представляется угрозой, для Европы проект России по применению силы, чтобы помешать своим соседям присоединиться к Европейскому Союзу, представляет угрозу западному порядку. Европейский союз основан на представлении о том, что применение силы в международных делах является фундаментальной проблемой, которой следует избегать любой ценой, что большинство конфликтов может быть урегулировано с помощью экономического обмена и дипломатии, и что нации должны быть свободны в решении своих политических судеб, а не во власти более крупных соседей. Эти принципы позволили Европейскому Союзу поддерживать мир в Европе на протяжении почти 70 лет, и европейские политические лидеры считают, что они остаются актуальными и сегодня. Таким образом, Россия и Европа имеют резко отличающиеся геополитические концепции того, как упорядочивать европейское пространство.

Европейские ценности. Кроме того, Россия и Европа все больше расходятся в области общественных ценностей и культуры. С тех пор как Россия принимала зимние Олимпийские игры в 2014 году и планирует провести чемпионат мира по футболу 2018 года, некоторые из наиболее ярких столкновений стали очевидны в области спорта. В августе 2013 года базирующаяся в Цюрихе Международная федерация футбольных ассоциаций (ФИФА) задала Российской Федерации, принимающей чемпионат мира 2018 года, вопрос о недавно принятом законе, запрещающем гомосексуальную «пропаганду», по сути, запрещающем в России подвергать несовершеннолетних любым выступлениям в поддержку гомосексуалистов. Даже ношение радужной пуговицы соответствовало бы требованиям. ФИФА написала, что она «предусматривает нулевую терпимость к дискриминации, основанной, среди прочего, на сексуальной ориентации». ФИФА повторила аналогичное обращение, сделанное неделей ранее Международным олимпийским комитетом, который был обеспокоен тем, будет ли закон применяться к участникам и зрителям зимних игр 2014 года в Сочи. Антигейский закон в России, а также вопросы о его применении, на которые различные российские власти давали противоречивые ответы, подчеркнули, насколько Россия далека от европейских ценностей демократии, свободы выражения мнений и верховенства закона. Россия не движется постепенно к западным ценностям, а решительно отходит от них (Фиш-2005; Политковская-2007). И многочисленные свидетельства свидетельствуют о том, что Россия пытается увлечь за собой другие европейские страны (Cameron and Orenstein-2012).

Перед вторжением в Крым президент России Владимир Путин был провозглашен в средствах массовой информации лидером всемирного консервативного движения и даже заручился поддержкой консерваторов

США, которые выразили сочувствие его антигейской позиции. Тем не менее, консерватизм России выходит за рамки того, что в настоящее время принято на Западе.

Россия и Европа также все больше расходятся в экономической политике: Европейский союз представляет свободную торговлю и передвижение рабочей силы, капитала, товаров, людей и услуг, а Россия создает коррумпированную, контролируемую централизованно, экономически националистическую экономику, зависящую от природных ресурсов. Фирменная экономическая политика президента Путина господствовала в среде олигархов, заставляя их продавать стратегические СМИ и предприятия по добыче природных ресурсов государству, отказываться от любых независимых политических амбиций и подчиняться контролю Кремля. Поскольку экономическая политика России стала более агрессивной, Россия стремилась заставить своих олигархов репатриировать капитал в Россию, а также собственность компаний. Например, «Бруклин Нетс», принадлежащая олигарху Михаилу Прохорову, в какой-то момент рассматривала возможность передачи права собственности российской компании, но, похоже, отказалась от этого после возражений со стороны других владельцев НБА. Россия лидировала в мире по принятию протекционистских торговых мер в 2013 году. Экономическая модель «Евразийского союза» - это не совсем командная экономика, но экономика, которая, по крайней мере, требует одобрения центра и, скорее всего, отдает ему дань.

Заключение. Он стремился централизовать и увеличить мощь российского государства и изменить его политику с политики вестернизации на политику национального самоопределения. Он соединил российскую гордость с наследием Советского Союза и сделал мелодию «Интернационала» новым государственным гимном Российской Федерации. Однако Западу пришлось нелегко признать и понять события в России. Европейский союз в течение ряда лет считал, что фальшивое президентство Дмитрия Медведева указывает на новую тенденцию к либерализации и вестернизации. Аналогичным образом, «перезагрузка» отношений США с Россией при Бараке Обаме основывалась на мысли, что Россию можно склонить к разделению западных ценностей. Теперь оба проекта мертвы. Западные правительства наконец-то смогли увидеть, во что превратилась Россия: в ревизионистскую великую державу, которая стремится создать в Европе противовесный альянс, националистический и авторитарный.

Список использованной литературы:

1. Амбросио, Томас. 2009. Авторитарная реакция: российское сопротивление демократизации в бывшем Советском Союзе Ashgate Publishing, LLtd.2.
2. Эш, Тимоти Г. 2001. «Европейский оркестр». Нью-Йоркское обозрение книг 48 (8): 60–66.
3. Кэмерон, Дэвид Р. и Митчелл А. Оренштейн. 2012. «Постсоветский авторитаризм: влияние России в ее «ближнем зарубежье»». Постсоветские дела 28 (1): 1-44.

«ЗАЩИТА ПРАВ ЧЕЛОВЕКА - ГЛАВНЫЙ КРИТЕРИЙ ДЕЯТЕЛЬНОСТИ ОМБУДСМЕНА»

Аннотация. В статье анализируются обязанности Уполномоченного Олий Мажлиса по правам человека, Омбудсмена, главного органа по защите прав человека. Также обсуждалось, какими полномочиями в настоящее время наделен омбудсмен в нашей стране и какие изменения произошли за последние годы.

Ключевые слова: уполномоченный Олий Мажлиса по правам человека - Омбудсмен, обращение, институт Уполномоченного Олий Мажлиса по правам ребенка (Уполномоченного по правам ребенка), права и свобода.

Введение. *В своем обращении к Олий Мажлису глава государства высказал следующие мысли: «Для того, чтобы каждый ощутил в своей жизни последствия масштабных преобразований в нашей стране, необходимо обеспечить своевременную и эффективную реализацию принятых документах, как и в других областях нашего общества, меры и деятельность, направленные на защиту прав человека, исходят из потребностей времени, радикальное улучшение является важным требованием сегодняшнего дня».*

Материалы и методы. В самом 2020 году согласно статье 14 Закона «Об Уполномоченном по правам человека (омбудсмене)» внесено 21 представление руководителям государственных органов и иных организаций об устранении нарушений законодательства в области прав и свобод человека, выявленных омбудсмена, а также причины и условия, которые их обслуживают.

Результаты и обсуждение. Также в результате мониторинга, проведенного в целях предотвращения применения пыток и других жестоких, бесчеловечных или унижающих достоинство видов обращения и наказания, в местах лишения свободы был выявлен ряд недостатков и проблем, требующих решения. На данный момент в последнее время в средствах массовой информации было много случаев пыток и издевательств над гражданами со стороны сотрудников ОВД. Проводится коренное совершенствование системы предупреждения пыток в сфере оперативного розыска, следствия и исполнения наказания. На нарушение прав и свобод граждан глава государства также обратил внимание в своем Послании Олий Мажлису. В частности, отмечена необходимость расширения полномочий омбудсмена, а также усиления общественного контроля в целях предотвращения пыток и нарушений прав и свобод граждан. Принято решение, что омбудсмен будет осуществлять ежеквартальные контрольные посещения мест содержания под стражей и мест лишения свободы совместно с представителями общественности и представлять отчет в палаты Олий Мажлиса о выявленных случаях и проблемах и пути их решения.

В связи с этим омбудсмен уделяет особое внимание жалобам на применение правоохранительными органами неправомерных мер воздействия в отношении осужденных и лиц, подозреваемых в совершении преступлений.

В частности, за последние 5 лет в Узбекистане проделана большая работа в области защиты прав человека. Также в 2019 году бизнес-омбудсменом, уполномоченным по защите прав и законных интересов субъектов предпринимательства при Президенте 9 августа 2021 года был принят Указ Президента «О мерах по дальнейшему совершенствованию системы гарантирования прав детей». Данным документом был учрежден институт уполномоченного Олий Мажлиса по правам ребенка (детского омбудсмена) и упразднена должность заместителя уполномоченного по правам человека (омбудсмена) - уполномоченного по правам ребенка.

Детский омбудсмен осуществляет свои полномочия самостоятельно, не подчиняется государственным органам и их должностным лицам, подотчетен Палатам Олий Мажлиса. Детский омбудсмен избирается Законодательной палатой и Сенатом Олий Мажлиса сроком на пять лет. Планируется, что кандидатура на пост детского омбудсмена будет выдвинута президентом на рассмотрение парламента.

Расширение и укрепление институциональной базы системы защиты прав человека в нашем независимом Узбекистане стало результатом проводимой в последние годы работы в направлении имплементации международных стандартов в этом направлении в национальное законодательство и выполнения международных обязательств. В частности, еще одним важным шагом в этом направлении стало принятие указа Президента Ш.М. Мирзиёева от 22 июня 2020 года «Об утверждении национальной стратегии Республики Узбекистан в области прав человека». Потому что этот важный документ, который был принят в целях дальнейшего совершенствования механизма защиты прав и свобод человека, определил задачи, непосредственно связанные с работой омбудсмена. В частности, на основе своей деятельности и опыта омбудсмен способствует совершенствованию законодательства с учетом приоритетов социально-экономического развития страны, общепризнанных международных стандартов и обязательств Узбекистана в области прав человека, а также рекомендации уставных органов и договорных комитетов ООН, внесение соответствующих предложений.

Следует отметить, что Национальная стратегия в области прав человека включает предупреждение и борьбу с преступностью, особенно пытками, нарушением человеческого достоинства, торговлей людьми, коррупцией, организованной и транснациональной преступностью, а также в системе мест содержания под стражей, задержания и лишения свободы. Основными задачами омбудсмена являются обеспечение соблюдения справедливости и прав человека. В этих сферах омбудсмен может работать эффективно и результативно. Поскольку это очень близко к обычным людям, это приемлемая структура. Выслушивая боль людей и восстанавливая их нарушенные права, институт омбудсмена обеспечивает укрепление согласия между гражданами и органами государственной власти. Это также эффективное средство парламентского контроля за деятельностью исполнительной власти парламента, особенно ее среднего и нижнего уровней.

Заключение. В заключение представитель Олий Мажлиса по правам человека (омбудсмен) мобилизует все свои усилия и возможности для того, чтобы институт омбудсмена работал исходя из требований сегодняшнего дня. В частности, в процессе работы с обращениями задействованы информационно-коммуникационные технологии, осуществляется действенный общественный контроль во взаимодействии с парламентом и СМИ в положительном разрешении заявлений и жалоб, восстановлении нарушенных прав.

Список использованной литературы:

1. Конституция Республики Узбекистан. НМИУ «Узбекистан». 2021. 40 с.

2. Закон «Об Уполномоченном по правам человека (омбудсмене)». Т., 2021. 21 апреля, ORQ-683

3. «О дополнительных мерах по совершенствованию системы защиты прав детей» КП. 2020 29 мая.

4. «Об утверждении национальной стратегии Республики Узбекистан по правам человека» ОФ. 2020 22 июня.

«ОРГАНИЗАЦИЯ СЕВЕРОАТЛАНТИЧЕСКОГО ДОГОВОРА», «СЕВЕРОАТЛАНТИЧЕСКИЙ АЛЬЯНС»

Аннотация. Данная статья является попыткой дать ответ на вопрос о том, возможно ли в обозримой перспективе становление на базе Североатлантического альянса организации политического сотрудничества. Несмотря на усилившуюся риторику «политизации» НАТО на рубеже 1980-1990-х гг., ни США, ни их европейские союзники не рассматривали всерьёз «политизацию» альянса в качестве возможного варианта развития НАТО отчасти ввиду отсутствия адекватной альтернативы данному институту в военной сфере. Анализ современных тенденций указывает на возрастание значимости военного сотрудничества в рамках НАТО для американского руководства и на возможность укрепления альянсом своих позиций в качестве института трансатлантического сотрудничества, вносящего вклад в обеспечение безопасности в глобальном масштабе.

Ключевые слова: НАТО, инновационная экономика, политика, государственное управление, тактика, российская экономическая политика, стратегия.

Введение. НАТО (NATO - сокращ. от North Atlantic Treaty Organization.) основана в 1949 году и вместе с СЕНТО и СЕАТО играла роль военного противостояния экспансионистской политике СССР. Суть Североатлантического договора состоит в том, что военное нападение на одно и более государств, подписавших договор, означает военное нападение на всех.

Членами Альянса являются: Бельгия, Германия, Греция, Дания, Италия, Исландия, Испания, Канада, Люксембург, Нидерланды, Норвегия, Португалия, Соединённое Королевство и Соединённые Штаты Америки, а также Турция и Франция. В 1997 году были начаты переговоры с Чешской Республикой, Венгрией и Польшей об их вступлении в Североатлантический договор (вопрос требует ратификации) в 1999 году, когда НАТО одобрит процесс расширения и обсудит заявки о вступлении в члены других европейских нарождающихся демократий, которые способны придерживаться целей договора, особое упоминание было сделано в отношении Румынии и Словении.

Действие договора распространяется на любую часть Европы или Северной Америки; применение силы в любой части Европы или на островах, которые находятся под юрисдикцией стран НАТО, в любой части Североатлантической зоны к северу от Тропика Рака, или в отношении морских и воздушных судов в любой части этой зоны.

Основная задача НАТО - поддерживать оборонительные способности, обеспечивать безопасность, суверенитет и территориальную целостность членов, поддерживать безопасность и обороноспособность на минимально необходимом уровне. Более конструктивная роль НАТО состоит в том, чтобы добиваться той или иной поставленной цели через диалог, партнёрство и сотрудничество нового и более мироустойчивого порядка, базирующегося на признании того, что стабильность и безопасность в евроатлантической зоне будут обеспечиваться на основе объединения и укрепления взаимных институтов.

В 1991 году, реагируя на политическую и военную ситуацию в Европе, государства-члены НАТО вместе с бывшими членами Варшавского договора создали Совет Североатлантического сотрудничества (ССАС, англ., соответствие - NACC). Инициатива была продолжена в 1994 году системой Партнёрства во имя мира (Partnership for Peaces – сокращ. от PfP), по которой государства-члены ССАС и ОБСЕ были приглашены принять участие в диалоге о совместных мерах усиления доверия, имея в виду введение «прозрачности» в национальное оборонное планирование и расходы; демократический контроль над вооружёнными силами; поддержание способностей и готовности (что является предметом конституционных ограничений) вносить вклад в операции, проводимые под эгидой Организации Объединённых Наций или ОБСЕ; развитие военного сотрудничества с НАТО; такое длительное усовершенствование вооружённых сил, чтобы они могли лучше взаимодействовать с армиями других членов НАТО.

Участниками «Партнёрства во имя мира» являются: Австрия, Азербайджан, Албания, Армения, Болгария, Венгрия, Грузия, Казахстан, Кыргызстан, Латвия, Литва, Македония, Молдова, Польша, Россия, Румыния, Словакия, Словения, Таджикистан, Узбекистан, Украина, Финляндия, Чешская Республика, Швейцария, Швеция и Эстония.

«Партнёрство во имя мира» есть конкретизированная форма, ясно определяемый элемент внутри этих гибких рамок. Усиление политического значения консультаций и сотрудничества, которое предоставляет СЕАС, позволяет партнёрам, если они этого пожелают, развивать прямые политические отношения индивидуально или небольшими группами с Альянсом. Исключительность Совета состоит в том, что он, предлагая возможность политических консультаций и практического сотрудничества, одинаково открыт для всех партнёров и союзников. Партнёры могут самостоятельно установить уровень и определить направление сотрудничества с НАТО, например, в вопросах политики и безопасности; управления кризисами; решения региональных проблем; нераспространения ядерного, химического, биологического, а также бактериологического оружия и проблем обороны; борьбы с международным терроризмом; оборонного планирования, бюджета и оборонной политики и стратегии, а также влияния безопасности на экономическое развитие. Кроме того, СЕАС - это пространство для консультаций и сотрудничества в таких вопросах, как гражданские беспорядки и преодоление катастроф; вооружение под эгидой Конференции руководителей национальных отраслей вооружения (англ., соответствие - CNAD); ядерная безопасность; оборона и проблемы окружающей среды; военно-гражданская координация в управлении и контроле за воздушным транспортом; наука и операции по поддержанию мира.

Участие НАТО в урегулировании конфликта на территории бывшей Югославии стало следствием Дейтонского соглашения 1995 года и примером новой роли НАТО в разрешении кризисных ситуаций и упрочении стабильности и безопасности в Европе. В то же время эти действия в значительной мере способствовали повышению ответственности в европейских процессах как, с одной стороны, Канады и Соединённых Штатов Америки, так и Западноевропейского союза - с другой. Роль Западноевропейского союза определена в Маастрихтском договоре как «будущего инструмента обороны Европейского союза, наряду с НАТО и ОБСЕ». Цели Западноевропейского союза - выработка решений и осуществление действий Союза, имеющих отношение к вопросам безопасности. Однако основным сдерживающим фактором деятельности данной организации стала неспособность обеспечить необходимый транспорт, информацию разведывательного характера, а также высокотехнологичное оборудование для самостоятельных действий. Эта проблема была затронута в Брюсселе в 1994 году, и НАТО дала согласие на «использование коллективных ресурсов Альянса, по согласованию с Советом НАТО, для проведения Западноевропейским союзом операций, предпринимаемых европейскими государствами-членами НАТО в рамках претворения в жизнь внешней политики и политики в области безопасности».

Заключение. Основными элементами организационной структуры НАТО являются генеральный секретарь и Совет НАТО, в котором все государства-члены НАТО представлены в лице постоянных представителей в ранге посла. Пятью основными подразделениями НАТО, которые во многом отражают сущность и цели организации, являются следующие: Отдел по вопросам политики; Отдел военного планирования и операций; Отдел поддержания безопасности; Отдел инфраструктуры, военно-технического обеспечения, планирования и использования гражданских служб в чрезвычайных ситуациях, а также Отдел науки и окружающей среды. Независимым элементом организационной структуры НАТО является также Североатлантическая парламентская ассамблея, на которой определяются и обсуждаются основные направления деятельности НАТО.

Список использованной литературы:

1. Brockpahler J. The Harmel Philosophy: NATO's Creative Strategy for Peace // NATO Review. Vol. 38, Issue 6. December, 1990. P. 17-21.

2. Gorbachev M.S. Life and reforms. Book 2. M., 1995.

3. Parks M. «Gorbymania» Captures Bonn — It`s a Challenge to the West, Aide Says // The Los Angeles Times. June 14, 1989.

4. Moseley R. Baker Calls for «New Europe». East German Leader Told of U.S. Support for Reforms // Chicago Tribune. December 13, 1989.

«ПРОГРАММНОЕ ОБЕСПЕЧЕНИЕ В БАНКОВСКОЙ СИСТЕМЕ»

Аннотация. *С помощью этой статьи вы сможете ознакомиться с понятиями программного обеспечения и программного обеспечения, ориентируясь на программное обеспечение банковской системы.*

Ключевые слова: *программа, программное обеспечение, банк, сервис, клиент, сервер, оплата, платежная система, пластиковые карты.*

Введение. Программа представляет собой повторяющуюся последовательность операционных структур в виде команд, понятных компьютеру, и эти команды служат для активации, контроля и управления всем оборудованием для обработки данных так, как хочет пользователь. В то же время системное программное обеспечение позволяет использовать компьютер и его периферийные устройства. Системные программы включают операционные системы, которые обеспечивают управление вводом и выводом, не требуя от пользователя дополнительных технических знаний о принципах обработки данных. Служебные и служебные программы также относятся к системным программам, облегчающим взаимодействие с операционными системами, например, работу с носителями информации при форматировании и копировании. Популярными операционными системами являются Windows XP, Windows 2003 с клиент-серверной архитектурой Novell, различные варианты UNIX и LINUX. Практические программы из экономической, технической и научной сфер используются или разрабатываются для решения профессиональных и бытовых задач. В зависимости от количества пользователей и объема использования эти приложения можно разделить на части.

Программное обеспечение или Software — это инструмент, предназначенный для выполнения определенной задачи на компьютере. Именно к этому программному обеспечению Компьютер исключил термин «сухое железо». Программное инструменты — это совокупность всех программ, используемых компьютером. В переводе с английского этот термин означает Software, т.е. «программное обеспечение» — «soft» означает «мягкий» или «ware» — «продукт». Программное обеспечение делится на 3 группы:

1. Системные программы – сюда входят программы, выполняющие различные вспомогательные задачи: Диспетчер задач (имеется в ОС Windows),

2. Прикладные программы - к ним относятся программы, позволяющие пользователю обрабатывать и обрабатывать данные в конкретной области использования, например: Microsoft Office, Adobe CC.

3. Аппаратные программы - этот программы, используемые для программирования.

Широкое применение инновационных информационных технологий в банковской системе создало возможность в короткие сроки сформировать в нашей стране национальную платежную систему. Эта система, осуществляющая расчеты между хозяйствующими субъектами в режиме реального времени, обеспечивает стабильность финансового рынка нашей страны. Кроме того, он оказывает существенное влияние на эффективное управление денежно-кредитной политикой нашей страны, своевременное осуществление национальных и международных платежей, управление денежными потоками. В настоящее время на базе национальной платежной системы, единой межбанковской платежной системы Центрального банка, внутренних платежных систем 29 коммерческих банков, а также межбанковской розничной платежной системы «Uzcard», которая охватывает все коммерческие банки на Банковские карты, сеть платежных агентств «Uz-Paynet» и розничные платежные системы «SMS-TO'LOV» работают для приема платежей за услуги мобильной связи, коммунальных и других платежей от населения. Коммерческие банки смело внедряют достижения информационных технологий в банковскую деятельность на основе прочных, надежных и высокоэффективных платформ, создают на их основе отличные программы, развивают инфраструктуру информационных систем. Это, в свою очередь, побуждает нас постоянно продолжать работу, направленную на укрепление среды здоровой конкуренции среди банков нашей страны, повышение качества традиционных банковских услуг, внедрение новых услуг. Список предоставляемых услуг для расширения круга клиентов регулярно расширяется, а коммерческие банки становятся, так сказать, своего рода «супермаркетом», предоставляющим различные финансовые услуги. В результате этих работ по состоянию на 1 мая 2013 года более 44 000 хозяйствующих субъектов нашей страны пользуются услугами программных комплексов «Банк-Клиент» и Интернет-банкинга. Клиенты осуществляют банковские операции удаленно через компьютер и систему электронной связи.

Дистанционное банковское обслуживание невозможно представить без банкоматов и информационных киосков.

Эти простые в использовании устройства сегодня ставят крест на традиционном взаимодействии покупателя и кассира и служат своеобразным мини-банком-офисом. В настоящее время в банкоматах можно не только снимать наличные деньги, но и совершать через них различные платежи за товары и услуги. Стоит отметить, что клиенты могут пользоваться банкоматами и инфокиосками любого банка. На данный момент количество банкоматов и инфокиосков, обслуживающих карты "Smart-Vista" online и системы "ДУЭТ" в нашей стране, составляет 1466, и они объединены в единую сеть.

На сегодняшний день количество пластиковых карт, выпущенных в обращение в нашей республике, составляет 9,7 миллиона штук. С увеличением количества пластиковых карт увеличивается и количество терминалов. К началу текущего года количество терминалов, установленных в местах массового скопления людей, магазинах и объектах сферы обслуживания, составило около 116 тысяч.

Вид и количество операций, выполняемых с использованием пластиковых карт, также значительно растет. В прошлом году с использованием пластиковых карт было осуществлено различных безналичных платежей на сумму 8,7 трлн сумов, или за год обеспечен 50-процентный рост этого показателя.

Динамика роста безналичных платежей в первую очередь тесно связана с осуществлением платежей за товары и услуги через банкоматы, расширением объема и инфраструктуры услуг, предоставляемых с помощью пластиковых карт. Потребность в инновационных формах безналичных расчетов постоянно возрастает. Субъекты хозяйствования и граждане более заинтересованы в том, чтобы осуществлять финансовые операции и получать информацию экономически выгодно, затрачивая меньше времени и сил, используя передовые информационные технологии. Учитывая эту потребность, коммерческие банки принимают меры по расширению сферы оказания дистанционных банковских услуг, эффективно используя возможности глобальной сети Интернет. Стоит отметить, что данное направление стало одним из приоритетных направлений мировой банковской системы и национальной банковской системы, являющейся ее неотъемлемой частью.

На данный момент все коммерческие банки открыли свои сайты в сети Интернет, и они регулярно пополняются информацией о банковской деятельности, новых видах услуг и условий, а также информацией, касающейся интересов клиентов. Запущены государственные интерактивные сервисы через сайт Центрального банка.

Для справки отметим, что в настоящее время через сеть платежного агентства «Uz-Paynet» в среднем за один день осуществляется 2,5-3 млн транзакций. Также осуществляется более 20 платежей через розничную платежную систему «SMS-TO'LOV», которая начала работу в 2011 году. Коммерческие банки подключены к этой системе как члены платежной системы.

Заключение. *В заключение следует отметить, что работа по постоянному расширению систем дистанционного управления банковскими счетами (банк-клиент, интернет-банкинг, мобильный-банкинг, смс-банкинг и др.) в национальном масштабе системно проводится всеми банков национального банка свидетельствует о тенденциях развития системы и создает условия для укрепления рыночных механизмов в экономике республики.*

Список использованной литературы:

1. *Мирзиёев Ш.М. Обеспечение законности и интересов человека – залог развития страны и благосостояния народа. – Ташкент: Узбекистан, 2017. – 45 с.*

2. *https://hozir.org/ozbekistonda-iqtisodiy-islohotlar*

3. *К. Дадабоев. Логистика. «Экономика-Финансы» 2007г.*

4. *www.bank.uz*

5. *П. Х. Мусаев. Статистическая физика и термодинамика. «Экономика и финансы». 2008 г.*

6. *https://dasturchi.uz*

«Судебная система США»

Аннотация. Федеральная судебная система имеет три основных уровня: окружные суды, окружные суды, которые являются первым уровнем апелляции и Верховный суд США, который является последней инстанцией апелляции в федеральной системе. Также существует 94 районных суда, 13 межрайонных судов и один Верховный суд.

Ключевые слова: диверсификация законами, федеральные суды, Сенат.

Введение. Суды федеральной системы во многих отношениях действуют иначе, чем суды штатов. Основное отличие гражданских дел (в отличие от уголовных дел) заключается в типах дел, которые могут рассматриваться в федеральной системе. Федеральные суды - это суды ограниченной юрисдикции, которые могут рассматривать только дела, разрешенные Конституцией Соединённых Штатов или федеральными законами. Федеральный окружной суд является отправной точкой для любого дела, возникающего в соответствии с федеральными законами, Конституцией или договорами. Этот тип юрисдикции называется «первоначальной юрисдикцией». Иногда суды штатов имеют ту же юрисдикцию, что и федеральные суды, а это означает, что некоторые дела могут рассматриваться в обоих судах. У истца есть первоначальный выбор: подать иск в суд штата либо в федеральный суд.

Дела, полностью основанные на законах штата, могут рассматриваться в федеральном суде в соответствии с «юрисдикцией суда по вопросам разнообразия». Диверсификация юрисдикции позволяет истцу в одном штате подать иск в федеральный суд, если ответчик находится в другом штате. По той же причине ответчик может также добиваться «удаления» в суде штата. Чтобы подать иск в федеральный суд в соответствии с законодательством штата, все истцы должны находиться в разных штатах, чем все ответчики, а «сумма спора» должна превышать 75 000 долларов.

Уголовные дела не могут быть возбуждены в соответствии с юрисдикцией по разнообразию. Штаты могут преследовать в судебном порядке только в судах штатов, а федеральное правительство может преследовать в судебном порядке только в федеральном суде. Следует также отметить, что принцип двойного привлечения к ответственности, который не позволяет обвиняемому дважды предстать перед судом по одному и тому же обвинению, не применяется между федеральным правительством и правительствами штатов. Если, например, штат возбуждает уголовное дело по обвинению в убийстве, но обвинительный приговор не выносится, в некоторых случаях федеральное правительство может выдвинуть обвинения против ответчика, если действие является незаконным в соответствии с федеральным законом.

Федеральные судьи (и «судьи» Верховного суда) избираются президентом и утверждаются «по совету и с согласия» Сената и «должны добросовестно выполнять свои обязанности». Судьи могут занимать должность пожизненно, но многие уходят в отставку или уходят в отставку досрочно. Они также могут быть сняты путем импичмента Палаты представителей и осуждения Сената. За всю историю пятнадцать федеральных судей были привлечены к ответственности за правонарушения. Единственным исключением из пожизненного назначения являются мировые судьи, которые избираются окружными судьями на фиксированный срок. Верховный суд Соединенных Штатов является высшим судом в американской судебной системе и обладает юрисдикцией в отношении апелляций по всем делам, поданным в федеральный суд или суд штата, но затрагивающим федеральный закон. Например, если дело о свободе слова в соответствии с Первой поправкой решается высшим судом штата (обычно верховным судом штата), это дело может быть обжаловано в федеральном Верховном суде. Однако Верховный суд Соединённых Штатов не может рассматривать дело, если решение по тому же делу принимается в соответствии с законом штата, который полностью соответствует Первой поправке.

После того, как районный суд или верховный суд штата вынесет решение по делу, одна из сторон может подать апелляцию в Верховный суд. Однако, в отличие от апелляций районного суда, Верховный суд обычно не должен рассматривать апелляцию. Стороны могут подать в суд «аффидевит» с просьбой о рассмотрении дела судом. Если решение будет принято, Верховный суд получит сводки и проведёт устные прения. Если решение не принято, остаётся в силе решение суда низшей инстанции. Пересмотр дел судом предоставляется редко; им рассматривается менее 1% обращений в Верховный суд. Суд обычно рассматривает дела, когда в стране существуют противоречивые решения по конкретному вопросу или когда в деле допущена серьёзная ошибка.

Заключение. Члены суда называются «судьями» и, как и другие федеральные судьи, назначаются президентом и пожизненно утверждаются Сенатом. В составе суда девять судей - восемь помощников судей и один главный судья. Конституция не устанавливает каких-либо требований к судьям Верховного суда, хотя все нынешние члены суда являются юристами, и большинство из них работали судьями районных судов. Судьи также часто являются бывшими профессорами права. Главный судья выполняет функции главного судьи и избирается президентом и утверждается Конгрессом, когда должность становится вакантной. Верховный суд собирается в Вашингтоне, округ Колумбия. Суд проводит свой ежегодный срок с первого понедельника октября до каждого лета, обычно заканчивающегося в конце июня.

Список использованной литературы:

1. Американская судебная система: давние традиции, новые направления. [Электронный ресурс]. Режим доступа: https://www.concourt.am/armenian/con_right/1.232004/duzand htm/ (дата обращения: 07.03.2021).

2. Большое жюри. [Электронный ресурс]. Режим доступа: https:// ru.m.wikipedia.org/wiki/ (дата обращения: 07.03.2021).

3. Как работает судебная система в США. [Электронный ресурс]. Режим доступа: https://interfax.com.ua/news/press-release/651917.html / (дата обращения: 07.03.2021).

«ВНЕШНЯЯ ПОЛИТИКА США В ЦЕНТРАЛЬНОЙ АЗИИ: СООТНОШЕНИЕ ИНТЕРЕСОВ И ЦЕННОСТЕЙ»

Аннотация. *Проблема соотношнения «ценностей и интересов» во внешней политике рассматривается в настоящей статье через призму политики США в Центральной Азии в XX и XXI веках. Показано, почему американской администрации не удалось разрешить ее в рамках доктрины «агрессивного реализма». Подчеркивается, что ставка на ускоренную демократизацию региона без учета местной специфики не позволила Вашингтону в полной мере реализовать свои стратегические задачи в Центральной Азии, в том числе в сфере безопасности и конфигурирования региональной подсистемы международных отношений.*

Ключевые слова: *США, центральноазиатский регион, Россия, дилемма «ценностей и интересов», «агрессивный реализм», демократизация и безопасность, «Большая Центральная Азия».*

Введение. Новейшая история конца XX - начала XXI столетия выдвинула Центральную Азию в число регионов, которые ощутимо влияют на безопасность в мире. Центральная Азия - это срединное геополитическое пространство, традиционно имеющее значение в глобальном и региональном масштабе. Регион Евразии играл огромную роль в мировой политике, а в настоящее время его значение еще более возросло. Находясь на стыке континентов и цивилизаций, занимая стратегическое геополитическое положение, имея богатейшие ресурсы и выгодные транспортные пути и коммуникации, регион остается средоточием жизненных интересов России, Запада и Востока. Недаром английский географ и политик Х. Маккиндер, взгляды, которого пользуются популярностью в США, приравнивал контроль над Евразией к контролю над миром.

Регион стал объектом пристального внимания определяющих центров силы современного мира, что автоматически сделало ее партнерами не только близлежащие, но и весьма отдаленные государства. В условиях глобализации этой отдаленности уже не существует: мир довольно тесен и весьма чувствителен к любым колебаниям в мировом сообществе, а крупные державы и их объединения, союзы способны проецировать свое влияние и генерировать мощные импульсы в политике и экономике практически где угодно. Сказанное наглядно подтверждает пример политики США в Центральной Азии, изучению проблематики которой и посвящена данная диссертация. В целом, актуальность работы конкретизируют следующие основные положения.

Во-первых, неуклонно возрастает значение региона Центральной Азии и Каспия как одного из главных альтернативных районов добычи и транспортировки энергоносителей глобального уровня.

Во-вторых, в связи с акцией коалиции под эгидой стран НАТО во главе с США в Афганистане, событиями в Ираке, эскалацией нестабильности на Ближнем Востоке, а также попытками проникновения терроризма, религиозного экстремизма.

В-третьих, требуют быстрого и эффективного решения ряд внутренних проблем центральноазиатских стран, затягивание поиска которого недопустимо и может обернуться дестабилизацией обстановки как в самих этих государствах, так и соседних странах и регионахширокими возможностями по проецированию в регион собственной мощи, Вашингтон прагматически закрепляется здесь с первоочередной целью установления контроля над энергетическими и другими ресурсами Центральной Азии, которыми она весьма богата. Для этого американцы намерены выстроить в регионе такую систему безопасности, которая максимально соответствовала бы их интересам.

Характерно стремление ряда американских экспертов (но не внешнеполитического ведомства) включить в состав региона и Афганистан. В этом легко просматривается геополитический аспект: США и их западные союзники намерены после завершения антиталибской операции сделать это государство своей опорной базой в регионе, с территории которой можно будет проецировать свое влияние на соседние страны (где сильны позиции России), а также, что крайне важно для США, - и в Иран.

В условиях глобализации в рамках конфигурации комплекса международных отношений в регионах геоэкономика все чаще вытесняет геополитику, военно-силовой фактор. В регионе Центральной Азии геополитический фактор для Вашингтона не менее важен, чем геоэкономический. В большой геополитической игре в Центральной Азии основной вектор усилий самоутверждения американцев направлен, безусловно, на вытеснение из региона влиятельных конкурентов т в первую очередь, России, а также Китая, Ирана и в перспективе - Индии. Начинается новая эра нефтяной геополитики, борьбы за контроль над месторождениями и маршрутами транспортировки нефти. Именно в политике Вашингтона заметны наиболее яркие ее признаки: стремление диверсифицировать пути поставки ресурсов из Каспийского региона (в качестве альтернативы российских маршрутов), затруднить Китаю свободный доступ к энергоресурсам.

В этом плане намерение американцев остаться в регионе является наглядным подтверждением этого и вызывают озабоченность названных стран, прежде всего - России и Китая. Что касается России, в отношении которой Белый дом проводит сравнительно дружественную, но поверхностную, не подкрепленную взаимопониманием и напоминающую курс США в Саудовской Аравии политику, то ее позиции в регионе не только выглядят достаточно прочными, но и перспективными: Для стран Центральной Азии Россия была и останется главным (или одним из главных) по всем важнейшим параметрам партнером и соседом, основным гарантом стабильности и безопасности, а отдельные страны прямо ориентируются на Россию. Попытки выдавить Россию из региона, ущемить ее стратегические интересы не только контрпродуктивны, но и опасны, чреваты дестабилизацией центральноазиатского пространства.

Заключение. *Отчётливо просматривается стремление Вашингтона превратить Центральную Азию в свой региональный геополитический и геостратегический плацдарм для» будущего соперничества с Пекином. Это соперничество США и КНР как двух сверхдержав уверенно прогнозируется; и оно во многом будет определять международную политику в XXI в. (Китай, безусловно, станет второй сверхдержавой через полтора-два десятилетия). Китай, безусловно, имеет собственные «виды» на регион Центральной Азии, и американское военное присутствие вызывает скрытое раздражение в Пекине.*

Список использованной литературы:

1. Договор о Таможенном союзе и едином экономическом пространстве, от 16.02.1999 г.

2. Из интервью президента Туркменистана С. Ниязова «Мы не свернем с пути стабильности, эволюционных преобразований и позитивного нейтралитета»//Независимая газета, 4.09.1997.

3. Интервью специального представителя Президента Российской Федерации по вопросам урегулирования статуса Каспийского моря В.И. Калюжного «Россия и

проблемы Каспия» //Внешнеэкономические связи 03.04.2004.

4. Концепция внешней политики Российской Федерации, 28.06.2000 г.

«УНИКАЛЬНОСТЬ МЕЖДУНАРОДНЫХ ОТНОШЕНИЙ УЗБЕКИСТАНА НА ПРИМЕРЕ ЭКОНОМИКИ»

Аннотация. Статья раскрывает вопросы международных экономических отношений Республики Узбекистан, политику Узбекистана по развитию международного торгово–экономического сотрудничества, а также, экономические отношения. Рассматриваются актуальные вопросы экономического роста и распределения по сферам деятельности.

Ключевые слова: конкуренция, среда, международные экономические отношения, экономические реформы, структура, торгово-экономического сотрудничества.

Введение. 31 августа 1991 года - день официального провозглашения независимости Республики Узбекистан - стал точкой отсчёта для полномасштабной интеграции Узбекистана в мировое сообщество.

С обретением независимости Узбекистан вновь получил возможность самостоятельно проводить свою внешнюю политику. В её основу изначально были заложены такие принципы, как приоритет национально-государственных интересов страны, норм международного права, невмешательство во внутренние дела других государств, решение всех спорных вопросов мирным путём; всемерный учёт взаимных интересов при верховенстве своих национально-государственных интересов, не входить в сферу влияния какой-либо великой державы; установление и развитие как двусторонних, так и многосторонних внешних связей на основе полного доверия, углубления сотрудничества в рамках международных экономических и финансовых организаций.

Материалы и методы. Республика Узбекистан является членом свыше 100 международных организаций. Среди них такие авторитетные структуры как ООН, ШОС, СНГ, ОДКБ и др. Развивается тесное сотрудничество с Европейским Союзом и НАТО. Установление всесторонних связей с различными странами на принципах равноправного партнерства и взаимного уважения позволяет Узбекистану успешно интегрироваться в систему мирохозяйственных связей, осуществлять активное международное политическое, экономическое, научно-техническое и культурное сотрудничество.

Важнейшим приоритетом внешней политики

Узбекистана является развитие и укрепление связей и всестороннего сотрудничества с соседними, прежде всего по региону, государствами. Дальнейшее углубление региональной кооперации - важнейшее условие мира, политической и экономической стабильности и процветания в Центральной Азии.

Динамично и последовательно развивая отношения с государствами Запада, Азиатско-Тихоокеанского региона, Юго-Восточной и Южной Азии, Узбекистан стремится наполнить их качественно новым содержанием.

На основе подписанного в 1996 году Соглашения о партнерстве и сотрудничестве между Узбекистаном и Европейским Союзом развивается и укрепляется не только политический диалог, но и торгово-экономические связи с ЕС.

Расширяется сотрудничество между Узбекистаном и странами Северной и Южной Америки, в частности с США. С утверждением независимости Узбекистан получил возможность установления прямых контактов с близкими по духу, вероисповеданию, обычаям и традициям странами мусульманской цивилизации в Азии, на Ближнем и Среднем Востоке. Развитие экономических отношений Узбекистана с этими странами так же имеет позитивную динамику.

Другим важным направлением является сотрудничество со странами СНГ, в рамках которого государства-участники могут согласовывать свои позиции для реализации как общих, так и собственных национальных интересов на многосторонней и двусторонней основах.

Для Узбекистана вхождение в мировой рынок происходит на фоне реформирования и обновления всей политической, экономической и социальной жизни. Республика вступила на путь рыночной трансформации, не имея готовой модели социально-экономических преобразований. Необходимо было не только модернизировать экономику государства, но и создать принципиально новые методы и механизмы его включения во внешнеэкономическую деятельность с учётом специфических особенностей страны.

Политика Узбекистана по развитию международного торгово-экономического сотрудничества Узбекистан проводит большую работу по формированию открытой рыночной экономики, основой которой является широкое участие страны в мирохозяйственных связях и международном разделении труда.

Узбекистан активно включился в многостороннее международное экономическое сотрудничество. В настоящее время наиболее динамично отношения республики развиваются с такими ведущими странами мира, как ФРГ, США, Великобритания, Япония, Франция, Италия, Республика Корея, Турция, Китай.

Результаты и обсуждение. Узбекистан проводит планомерную политику по либерализации своего внешнеторгового режима и его адаптации к требованиям ВТО.

Рост ВВП в Узбекистане остался на высоком уровне с середины 2000-х годов. Это связано прежде всего с благоприятными условиями торговли экспортными товарами страны (медь, золото, природный газ и хлопок), макроэкономическим управлением правительства и ограниченным доступом к международным финансовым рынкам. В 2014 году экономика выросла на 8,1%. Этот сильный рост несколько снизился в 2015 году (8%) и 2016 (7,8%). Рост прогнозируется на уровне 7% в 2017 году и 7,3% в 2018 году. Такие уровни роста делают Узбекистан одной из наиболее динамичных экономик СНГ.

Заключение. Узбекистан страдает от слабо-развитой банковской системы, которая жестко контролируется государством. Он намеревается внести свой вклад в развитие частного промышленного сектора, но уровень коррупции остается высоким. Узбекистан не решался провести приватизацию, хотя некоторые из них начинаются в 2016 году. Страна остается высоко централизованной и национализированной. Наконец, с точки зрения делового климата в Узбекистане все еще есть много возможностей для улучшения.

Список использованной литературы:

1. Khan S. M. Uzbekistan-Pakistan Bilateral Relation: New Prospects & New Opportunities // Defence Journal. 2017. V. 20. №6. C. 32.

2. Isomidinova G., Singh J. S. K. Determinants of financial literacy: a quantitative study among young students in Tashkent, Uzbekistan // Electronic Journal of Business & Management. 2017. V. 2. №1. C. 61-75.

3. Robner R., Zikos D. The role of homogeneity and heterogeneity among resource users on Water Governance: Lessons learnt from an economic field experiment on irrigation in Uzbekistan // Water Economics and Policy. 2017.

«Islamic Revolutionary Guard Corps»

Annotation. The article does torture analysis of the causes and origins of the innovations of the Islamic Republican Guard Corps Revolution (IRGC) in the Islamic Republic Iran (IRI), the process of development and development of this structure and its current external state. During his posty 40-year existence (IRGC) from a conglomerate of scattered miles rational, poorly armed groupings woks bearing primarily security guards functions, turned into a unique city government education.

Keywords: Iran, IRGC, army, Basij, Qods, supreme leader, Hassan Rouhani, Ayatollah Khomeini, Ayatollah Ali Khamenei, Mohammad Reza Shah Pahlavi.

Introduction. On February 11, 1979, the Islamic Revolution won in Iran. The last nah of the Persian Empire Mohammad Reza Pahlavi was overthrown the 2500-year-old Persian monarchy ceased to exist. There is no doubt that Islamic Iran was an important part of them of the 20th century. There are many countries in the world with a predominantly Muslim population. However, their state-political system, as a rule, is purely polis (Saudi Arabia, Monarchy of the Persian Gulf), or republican in Western terms (Turkey, Egypt). In Iran, almost 40 years ago, nepair sosee of its history was an attempt to connect Islamic rights with general democratic institutions.

On April 1, 1979, the Islamic Republic of Iran (Iri) was proclaimed, providing the prince, put forward the revolution by the autolla Khometsin «Velivate Fina». That is, the principle of a sacral-politicized vir of religious spirituality, aimed at the institutionalization of the Islamic canon, suspended in the power of the general public, a fair theologian-jurist, represents a ledge to the Shiat authority of marjae taganda.

It was from this principle that the sexes were the basis not only for the ideology of «domeyshnan» (or «po-shiism»), but also for state building. The Teachings of the Prophet Moh in the Int Interpretation of Acts Origins of the Islamic Revolutionary Guard Corps Libya rebolii social upheaval, bearing destruction after. The Islamic Revolution of Iran was no exception. The country plunged into chaos During the month of the Provisional Revolution of Interest (PKP), with Prime Minister Mehdi Bazargan, who was in charge of Ayatollah Khomeini, did not control the situation. Islamic derms, the formation of the Islamic Revolutionary Council (IRC) into the Central Committee of the Islamic Revolution (PRC) and real levers for managing the situation and implementing their plans became beings. At the same time, even before the fall of the monarchy, the country, primarily large cities, began to emerge self-government bodies, various groups of volunteers, councils of employees, workers' councils of enterprises. They performed all the figurative functions. Members of the committee also participated in the organization of demonstrations, guarded the columns of demons, kept order, regulated traffic during sstree and numerous self-proclaimed structures, through the efforts of various Latin and religious groups, the organization formed quite a system in the system of grassroots organs. This and various «revolutionary mitets», «Khomeini committees and vomitets», «revolutionary tribunals of the guards and so on» pro-Moscow communists and the Tudeh Party, naberal pro-Western houses of short burkunia to ispam of Marxist Mujahideen, Shiite hundred Romini Ayatollah Khomeini radical Islamist fanatics.

Most of these factions had their own armed forces, subordinate only to the interim government or to the Islamic authorities given by the autolla of Khomeini. but also to any spinal center. According to the Iranian press, there is a huge number of weapons (up to 300,000 posts in the hands of the population, first of all, the senon of various groups of Iris is able to survive on the ground. None of the political actions in the country could be spread by doppents, pi otie-perca dealt a powerful blow to the official stronghold structure of the roof against the second Islamist period of revolutionary unrest «the great Shalinshahs Mi» practically ruined.

The property was disorganized and demoralized at the beginning of the war with Iran (September 1980). About 15% of the weapons and military equipment of the kalsa are in a non-combatable state (Sazhin. Bondar 2014. 207). Pre-pishman, it is quite natural to include in the attention that the ladies' decision of the prince's army in theory and so on the most important institution of the state could not claim a special role in the formation of a new statehood. She was deprived of her voice in the choice of pu and further social development.

Developed in a series of situations quatrain without a trace of revolutionaries grouping a circle of antonyms Xmasin. In «Brownism» on various local operation, it was traced in molds and petty-bourgeois groupings with a desire for general democratic psycho-revitalizing ways and a willingness to build a new state (albeit in its own way, and not in the Cominist way). Supporters of Ayatollah Khomeni could not allow this. They need to seize the initiative to create structures that provide them with the fullness.

Cometnam cnoctu a kind of party security officers in the struggle for influence and various political structures, as a result of Renolin's fuss, the pranian clergy relied on the declassiro and (the most religiously fanatic) and representatives from the structures, mosques, and in using it as a weapon in the fight against their political opponents, the clergy saw the only possible way to mobilize the assembled masses in order to rely on them, seize and hold power in their hands, and then to implement the policies of the event, sent to Iran by the Spanish statehood Tanni by the Islamic Resit Guard Corps (IRCC).

The decision to unite disparate groupings of armed groups in the FIU was decided on February 24, 1979 (we recall the Ofatlam revolutionary mach on February 11) jointly by representatives of the IRS. VRET and representatives of 14 Islamic Revolutionary Committees in Tehran. Control over the activities of the resident of the IRGC Khomeini is in charge of his personal office of Hojat-el-Islam Lahuti. Analyzing Deputy Prime Minister M. Baran on you revoliki.

The second center, headed by members of the Bazargan government, was controlled by bourgeois-liberal forces. Vouch for the support of the Yagonai Khomeini III as an almost independent center of command of the IRGC formed against the others. There was a group of kid religious figures then Hojat Ozna later Ayatollah Ali Akbar Khademi-Rafskidkami, a member of the IRS and the future pre-Iran.

Conclusion. Not trusting the other two factions in the corps, this group under the began to secretly create troll armed formations of religious fanatics, out of the city's lower classes, religious youth, which are a consequence of the formation of Hezbollah, that is, «Party b». By the way, and within the framework of the leaders of this faction in the IRGC in the fall of 1979 and the fanatical representatives of the student body and sometimes the intelligentsia created a tired extremist organization «Muslim students after the course of the imam» it is time to play a significant role in strengthening the power of the clergy (Shestakov, 1989). This group initiated, ruled and carried out the operation to seize the 4th Monbra 1979, the US Embassy in Tehran and the training of American diplomats.

References:

1. Allonch A. - (2008) - The Revolutionary Guards Role in Iranian Politics Middle East Quarterly, 15 (4) 3-14. Bachta W. (2000).

2. Wisa Rules Irant The Structure of Power in the Islamic Republic. Washington Washington Institute for Near East Policy 240 Crist D. - (2013).

3. The Twilight War: The Secret History of America Thirty Year Conflict with Iran. New York Penguin Books 656 - Forzan H. - (2016).

4. The Military in Part Revolutionary Iran: The Evolution and Roles of the Revolutionary Guards New York: Rout ledge. Gheissari A. (ed.) - (2009).

«INTERNAL AND FOREIGN POLICY OF THE UNITED STATES OF AMERICA»

Annotatsiya. Ushbu maqola Qo'shma Shtatlardagi tashqi siyosat vakolatlarining ijro hokimiyati va Kongress o'rtasida taqsimlanishi haqida umumiy ma'lumot beradi. U har bir bo'linmaning roli va mas'uliyatini belgilaydi, ularning siyosatni ishlab chiqish jarayonida o'zaro bog'liqligini ta'kidlaydi. Prezident xorijiy voqealarga javob berish, qonunchilik takliflarini ishlab chiqish va xalqaro shartnomalarni muzokaralar olib borish uchun mas'ul bo'lsa, Kongress chet el eksporti va importiga boj va tariflarni belgilash, savdo va immigratsiyani tartibga solish hamda ijroiya hokimiyati tomonidan taklif qilingan siyosatlarni qabul qilish yoki o'zgartirishda rol o'ynaydi. kuch. Maqolada prezident Milliy Xavfsizlik Kengashiga qaram bo'lishiga qaramay, Davlat departamenti dunyoning har bir mintaqasi uchun tashqi siyosiy qarorlar qabul qilish va siyosatni ishlab chiqishda asosiy rol o'ynaydi, deb xulosa qilinadi. Umuman olganda, ushbu maqola AQSh tashqi siyosatining murakkab tabiatiga foydali kirish imkonini beradi.

Abstract. This article provides an overview of the division of foreign policy powers in the United States between *the executive branch and Congress. It outlines the roles and responsibilities of each branch, highlighting their interdependent relationship in the policymaking process. While the president is responsible for responding to foreign events, developing legislative proposals, and negotiating international treaties, Congress plays a role in setting duties and tariffs on foreign exports and imports, regulating trade and immigration, and adopting or modifying policies proposed by the executive branch. The article concludes that despite the president's reliance on the National Security Council, the State Department plays a pivotal role in making foreign policy decisions and developing policy for each region of the world. Overall, this article provides a helpful introduction to the complex nature of US foreign policy.*

***Аннотация.** В этой статье представлен обзор разделения внешнеполитических полномочий в Соединенных Штатах между исполнительной властью и Конгрессом. В нем излагаются роли и обязанности каждого подразделения, подчеркивая их взаимозависимые отношения в процессе разработки политики. В то время как президент отвечает за реагирование на зарубежные события, разработку законодательных предложений и ведение переговоров по международным договорам, Конгресс играет роль в установлении пошлин и тарифов на* иностранный экспорт и импорт, регулировании торговли и иммиграции, а также принятии или изменении политики, предложенной исполнительной властью. . В статье делается вывод о том, что, несмотря на зависимость президента от Совета национальной безопасности, Государственный департамент играет ключевую роль в принятии внешнеполитических решений и разработке политики для каждого региона мира. В целом, эта статья представляет собой полезное введение в сложную природу внешней политики США.

Kalit so'zlar: *tashqi siyosat, tarix va rivojlanish, Amerika Qo'shma Shtatlari Konstitutsiyasi, Prezident va Kongress, nazorat va muvozanat, ijro etuvchi va qonun chiqaruvchi hokimiyat, tashqi siyosatni ishlab chiqish yoki o'zgartirish, xorijiy voqealarga munosabat, qonunchilik takliflari, xalqaro shartnomalar, siyosiy bayonotlar, mustaqil harakatlar, bojlar va tariflar , savdo va immigratsiyani tartibga soluvchi, Milliy Xavfsizlik Kengashi, Davlat kotibi, Davlat departamenti, AQSh Tashqi ishlar xizmati.*

Keywords: *foreign policy, history and development, United States Constitution, President and Congress, checks and balances, executive and legislature, make or change foreign policy, response to foreign events, legislative proposals, international treaties, policy statements, independent action, duties and tariffs,* *regulating trade and immigration, National Security Council, se cretary of state, State Department, US Foreign Service.*

Ключевые слова: *внешняя политика, история и развитие, Конституция Соединенных Штатов, Президент и Конгресс, система сдержек и противовесов, исполнительная и законодательная власть, создание или изменение внешней политики, реакция на события за рубежом, законодательные предложения, международные договоры, программные заявления, независимое действие, пошлины и тарифы, регулирование торговли и иммиграции, Совет национальной безопасности, государственный секретарь, Государственный департамент, дипломатическая служба США.*

Introduction. Siyosatsiz boshqaruv bo'lmaydi. Boshqarish uchun harakat yo'nalishi bo'lishi kerak, ya'ni boshqariladiganlar uchun qoidalar to'plami. Davlat siyosati asosan hukumatning o'z xalqiga nisbatan niyatlarini aks ettiruvchi ko'rsatmalardir. Tashqi siyosat biz qadrlaydigan g'oyalarga, sotib oladigan mahsulotlarimizga, chet eldagi do'stlar va oila a'zolarining farovonligiga ta'sir qiladi va hatto o'z chegaralarimizda o'zini xavfsiz his qilish hashamatini beradi. Qo'shma Shtatlar chet elda alohida rolga ega, ya'ni uning diplomatlari chet elda erishgan narsa Amerikaning iqtisodiy manfaatlarini ilgari suradi va milliy xavfsizlikni oshiradi. Aytgancha, ushbu maqolaning asosiy maqsadi bugungi kunda

Amerika tashqi siyosati qanday amalga oshirilayotganligi va amalga oshirilishini tasvirlashdir.

Research Methodology. In the article, research methods such as on-site study of the preserved part of the dam, monitoring of its current state, classification and systematization, natural research, photo fixation, analysis and scientific generalization of collected materials, drawing conclusions are used.

Analysis and results. Mavzuning tabiati bizga uning tarixi va taraqqiyotini qisqacha muhokama qilish erkinligini beradi, bu siyosatlar amalga oshirilgandan keyin butun dunyo bo'ylab qanday ta'sir ko'rsatishini hisobga oladi. Amerika Qo'shma Shtatlari Konstitutsiyasi tashqi siyosatni Prezident va Kongress o'rtasida taqsimlaydi, nazorat va muvozanatga rioya qiladi. Ijroiya va qonun chiqaruvchi hokimiyat ko'pincha bir-biriga bog'liq bo'lgan turli xil rollarni o'ynaydi. Har ikkala tarmoq ham tashqi siyosatni yaratish yoki oʻzgartirish imkoniyatiga ega va ularning oʻzaro ta'siri ushbu siyosatni yaratish jarayonida davom etadi. Ijroiya hokimiyati xorijiy voqealarga javob berish, qonunchilik bo'yicha takliflar ishlab chiqish, xalqaro shartnomalar bo'yicha muzokaralar olib borish, siyosiy bayonotlar ishlab chiqish, amalga oshirish va mustaqil harakatlarni amalga oshirish uchun mas'uldir. Kongress har doim prezidentning yondashuvini qo'llab-quvvatlashi yoki uni o'zgartirishga intilishi mumkin (FPC). Mustaqil prezidentlik harakatida esa qisqa muddatda siyosatni o'zgartirish juda qiyin bo'lishi mumkin. Biroq, qonun loyihasi yoki xalqaro shartnomalar bo'lsa, Kongress hal qiluvchi ovozga ega. Boshqa tomondan, Kongress Amerikaning tashqi siyosatida tashqi eksport va importga boj va tariflarni belgilash, savdo va immigratsiyani tartibga solish orqali rol o'ynaydi.

Conclusion/Recommendations. Xulosa qilib aytadigan bo'lsak, AQSh o'ziga ko'proq foyda keltiradigan mamlakatlarni tanlaydi, tashqi yordamga ovoz beradi va mudofaa byudjetini belgilaydi. Shunga qaramay, Kongress odatda ijroiya hokimiyat tomonidan taklif qilingan siyosatni qabul qilish, o'zgartirish yoki rad etish rolida bo'ladi. AQSh tashqi siyosatini shakllantirishda prezident Milliy xavfsizlik kengashi maslahatiga tayanadi. Bu guruh vitse-prezident, davlat kotibi, mudofaa kotibi, Markaziy razvedka boshqarmasi boshlig'i va mamlakatning oliy harbiy maslahatchisi (CRF) tomonidan tuziladi. Davlat kotibi ko'pincha chet elda prezidentni vakil qiladi. Davlat departamenti tashqi siyosatga oid qarorlarni amalga oshiradi va dunyoning har bir mintaqasi uchun tashqi siyosatni rivojlantirishga yordam beradi. AQSh Tashqi ishlar xizmati (yoki diplomatik korpus) ham Davlat departamentiga biriktirilgan.

REFERENCES:

1. Sindarovich, U. A., Dilnoza, Q., & Fayzullo o'g'li, B. A. (2023). National Traditions of Interior Architecture of Buildings of Wedding Houses. CENTRAL ASIAN JOURNAL OF ARTS AND DESIGN, 4(3), 1-7.
2. Hamrayev, S. (2023). O'ZBEKISTON SHAHARSOZLIGIDA TARIXIY VA ZAMONAVIY SHAHARLARNING BADIIY UZVIYLIGI. Евразийский журнал академических исследований, 3(1 Part 4), 85-89.
3. Shodiyeva, M. (2022). ЎЗБЕКИСТОН ТАРИХИЙ ШАҲАРЛАРИДА ЭНГ ҚАДИМГИ ВА ИЛК ЎРТА АСР САРОЙЛАРИНИНГ ШАКЛЛАНИШИ ВА РИВОЖЛАНИШ ЭВОЛЮЦИЯСИ. Eurasian Journal of Academic Research, 2(6), 243-247.
4. Sindarovich, U. A., & Erkinovich, M. U. (2021). THE ARCHITECTURE OF THE HISTORICAL PALACES OF UZBEKISTAN AND WAYS OF USING THEM FOR MODERN PURPOSES. World Bulletin of Management and Law, 3, 31-33.
5. Жураев, Т. Х., Сувонов, О. Ш., & Сапаров, Х. Р. (2020). Разработка концепции силлабуса для учебного процесса геометро-графических дисциплин. Образование и проблемы развития общества, (3 (12)), 32-39.
6. Tuxtashov, B., & Obidjon, S. (2022). The Importance of Using Interactive Methods in Training Sessions in General Technical Disciplines in Improving the Effectiveness of Training. EUROPEAN JOURNAL OF INNOVATION IN NONFORMAL EDUCATION, 2(12), 17-20.

«THE ARAB SPRING»

Abstract. In this state, there is a talk about the validity, theoretical aspects and processes of the realization of the term «Arab Spring», as well as the consequences of the last political events in the Middle East, the main trends of the geopolitical situation in the region and changes after the «Arab Spring».

Keywords: society, ideological, authoritarianism, Arab Spring.

Introduction. When one looks at the main features of the initial impetus for the Arab Spring, three elements stand out and provide an explanation as to why and how wider society confronted authoritarianism outside the expected parameters of civil activism.

The first element is the youth factor. The Arab Spring is very much the product of the rebellion of young Arabs frustrated with the state of their country and the lack of opportunities for a better future. The youth factor is particularly significant because older generation activists, particularly in the secular sector of society, had been scathing in their condemnation of the youth, which had seemed to them only to care about consumerism or personal religious piety and to have little interest in politics and civil activism. In many ways, the youth of the Arab world had been written off as potential actors of change because of their apparent «apolitical» interests. Furthermore, those who did take an active interest in civil activism were very often doing so outside traditional party affiliations and outside long established civil society groups, privileging the creation of their own ad-hoc committees with variable membership.

For instance, in an investigative report on civil activism in Morocco, La Jeune Afrique notes that «whereas the older generation of militants fought for democracy and political freedoms, (the new generation of militants) fights for the rights of every individual to act according to his or her own free will». It is these new activists, seemingly apolitical and focused on individualistic issues, who were able to mobilise the rest of their peers, and this mobilisation succeeded precisely because it was apparently apolitical and nonideological. During the demonstrations in Tunis, Cairo, Benghazi, Alexandria, Damascus, Sana and Algeria, the absence of ideological slogans and chants was noticeable. There were no calls for socialism or US style liberal-democracy, but simply for the dictators to go and for the arrival of some sort of change. The Arab youth felt disconnected not only from the regimes and their authoritarian and corrupt practices, but also from the tired and older opposition leaders who had compromised with the regime or been absent from the public scene. Not even the Islamist slogans of the past, such as «Islam is the solution», appeared on the streets. The Islamist alternative as conceived before the Arab Spring and institutionalised in traditional Islamist groupings could not energise a younger generation.

This new, seemingly apolitical youth-driven brand of activism had three paradoxical advantages over the traditional one. Whereas most politicised activists who were members of political parties or partisan civil society groups had failed for decades to create sustainable and effective anti-regime coalitions, the new unaffiliated activists were much more ideologi cally flexible and therefore capable of creating efficient coalitions and involving a greater number of people precisely because there were no ideological battles to be fought. The difficulties of coalition-building in the Arab world due to ideological differences, particularly between Islamists and secularists but also as a result of conflicts within each camp, are well documented and have long undermined efforts to challenge authoritarianism, allowing regimes to exploit such divergences and adopt divide-and-conquer strategies to remain in power. In the lead-up to and during the demonstrations, there were no ideological conflicts to overcome, and young people from different social classes, from non-political backgrounds and with widely diverging political and religious beliefs, if they had any at all, came together in the name of very simple objectives that everyone could support: dignity, bread and freedom.

Divisions on how to realise the objectives of the uprising would be left for the aftermath of their victory. The second advantage of the absence of political affiliation was the creation of a diffuse leadership. It is quite telling that the Arab Spring, unlike the Polish or Czechoslovakian upris-ings of the 1980s, does not have recognised and recognisable leaders. While prominent young people were behind the organisation of the early protests and the mobilisation efforts in each Arab country throughout the uprisings, their leadership wasvery much lacking in hierarchy and was marked by a high degree of decentralisation, with new voices being added constantly. This diffuse leadership stands in stark contrast to the past, when anti-colonial or nationalist struggles were highly dependent on a charismatic leader capable of mobilising people through the power of his rhetoric and message.

Nothing of the sort occurred during the Arab Spring, when, in fact, the paternalism of old opposition leaders attempting to ride the wave of the revolution was wholly rejected in all the squares across the region. The third advantage of the absence of political affiliation has been the practical impossibility for the security forces to utilise repression effectively by arresting, «disappearing» or physically eliminating an easily identifiable leadership: such a leadership simply was not there.

Conclusion. Thus, the mobilisation of a seemingly apolitical youth that was not affiliated with any specific political movement or civil society group and was disconnected from rigid ideological debates and programmes succeeded where older activists had failed for decades, leading to the temporary triumph of «apolitical» society, as recently noted by Dalmasso.

References:

1. Podgornova N. P. "Arab Spring" in the Maghreb countries. - M.: 2014. - B. 4.

2. Mehmet Sahin, '1950-1960 Arab Revolutions and the 2011 Arab Spring:Similarities and Differences', in New World Order, Arab Spring and Turkey, B. Senem Cevik- Ersaydi and Bora Baskak (eds.), Ankara: Ankara University Center for the Study and Research for Political Psychology, 2012. - P. 3-5.

3. Ben Yahmed, Béchir. "Jours de victoire…" La Jeune Afrique, No. 2610, p. 16-22, January 2011.

4. Carothers, Thomas. "The End of the Transition Paradigm." Journal of Democracy, No. 13, p. 5-21, 2002.

5. Aita, Samir. "Abattre le pouvoir pour libérer l'Etat." Le Monde Diplomatique, No. 685, April 2011.

«THE CONFRONTATION BETWEEN IRAN AND SAUDI ARABIA»

Annotation. Relations of the Kingdom of Saudi Arabia (KSA) and the Islamic Republic of Iran (IRI) are one of the important factors tors influencing the situation in the Middle East regional subsystem of international relations. aggravated in recent years contradictions between two regional powers and modality their foreign policies have a direct impact on the conflicts in Syria, Iraq, Yemen; internal political situation in Lebanon, Bahrain, Egypt, the Comoros and other countries; Palestinian-Israeliskoe settlement; the Kurdish question; oil prices on the international local market; the formation of regional military-political blocs; internal situation in Saudi Arabia and Iran.

Keywords: Iranian foreign policy, Saudi Arabia's foreign policy, Iranian-Saudi relations.

Introduction. In recent years, the Iranian-Saudi rivalry in The Middle East is taking on ever more acute forms. Since the beginning «Arab Spring» arena of confrontation between the two countries are Syria, Lebanon, Iraq, Yemen. In these regions, the war between between the Islamic Republic and the KSA is conducted by the forces of their allies. For Riyadh, the most significant theaters of war Viy are Yemen and Syria. The importance of Yemen is determined by the fact that that this country has a common extended border with KSA (proprovinces of Asir, Najran and Jizan), while if on the official territorial disputes between Saudi Arabia and Yemen were settled in 2000, then the Houthis speech is not recognized. The situation in Yemen is critical of great importance for ensuring the national security of the KSA.

The victory over the government of Bashar al-Assad in Syria could play an extremely important role for Riyadh in terms of providing their geopolitical interests in the Middle East and under-disruption of the Tehran-Baghdad-Damascus-Beirut axis. It is with the fall Assad's Kingdom tied the weakening of Iran in the region. More in 2011 the late King of Saudi Arabia Abdullah bin Abdul Aziz al-Saud noted in an interview with a senior official from US State Department that «nothing will weaken Iran like the fall of the current government in Syria». Saving Bashar al-Assad in power will be a big blow to the image and positions of Riyadh in the region.

The crisis in relations between Tehran and Riyadh deepened fought after the death of 416 Iranian pilgrims during the Hajj 2015 and especially after the execution of the Shia Sheikh Nimr al-Nimr in Saudi Arabia in January 2016. The sentence of

Sheikh Nimr al-Nimru led to the pogrom of the Saudi embassy in Tehran and rupture of diplomatic relations between the two countries. Observers note that the leaders of both states periodically cross «red lines» in their statements. Riyadh threatens to openly support non-systemic opposition, deploying terrorist activity pro from Tehran, namely the Mojahedin-e-Khalq Organization.

At the same time, Iran, through the Lebanese Hezbollah, began supplying ballistic missiles capable of hitting targets in the depths of the KSA, Yemeni Houthis and their allies represented by supporters of the former President Ali Abdullah Saleh. The Iranian-Saudi confrontation has reached a dangerous point. This is confirmed by the mutual accusations exchanged occurred between the supreme leader of the Islamic Republic of Iran and the mufti of the KSA. Ver - the supreme leader of the Islamic Republic of Iran, Ali Khamenei, recalling last year's Bel pilgrims during the Hajj, noted that the Saudi Arabian the Levi family cannot cope with the organization of the Hajj and called to the organization of international Islamic control over Palom nichestvo. In response to this, the Mufti of the KSA, Sheikh Abd al-Aziz ibn Abd Allah Al ash-Sheikh announced that «Iranians are not Muslims». Both charges are very serious for Muslim countries.

The fundamental contradictions between countries are there is competition for a role in the regional hierarchy, various approaches to the issue of collective security, the role and place of some countries like the US and Israel in the Middle East. Iran strwants to be involved in regional processes, because in this case, its expansion will continue. KSA con is centered on the isolation of IRI. In this situation, Riyadh was compelled to choose an active foreign policy, the implementation which requires significant costs and generally carries a significant significant risks for Saudi Arabia.

Since 2003, after the occupation of Iraq by the American coalition, there is a change in the regional balance in the Middle East. For both the KSA and the IRI, strengthening the positions of their rival in countries such as Iraq, Syria, Egypt, Yemen, Palestine, Comoros, means the deterioration of vein positions. In promoting their influence Riyadh and Tehran use asymmetric tools. Conducting external her policies of Saudi Arabia and Iran in various countries the Middle East is facilitated by the weakness of many states of the gyona, the internal rivalry of various ethnic and religious groups interested in attracting external «custodians» new.

Conclusion. Arab revolutions of 2010-2011 endangered interaction between Saudi Arabia and Iran with a number of countries in the region on the. However, both Riyadh and Tehran have made attempts to change the results of the «Arab Spring» for its own benefit - the Saudi Arabia supported the press Abdel Fattah Saeed Hussein Khalil el-Sisi in Egypt, did not allow a revolution in Bahrain, or caused the departure of Ali Abdullah Saleh from the presidency of Yemen, continues pursue an anti-Assad policy in Syria. Iran has stepped up its positions in Syria and Yemen. Overall, the Arab Spring has growing rivalry between Saudi Arabia and Iran Near and Middle East.

References:

1. Alekseev V. - "Shiite arc" - a new reality in the Middle East? // Iran. RU. URL: http://www.iran.ru/news/analytics/92042Shiitskaya_duga_novaya_realnost_Blizhnego_Vostoka (Date of access: 11/28/2016).

2. Biryukov E.S. - Stages and instruments of US foreign policy in the Middle East // International life. - No. 11. - 2016.

3. Bratersky M.V. - USA and the troubled countries of Asia: Rationale, elaboration and policy implementation in 1990–2005. - M.: Moscow public science fund, 2005.

4. Kuznetsov A.A. - Iranian-Saudi Regional Rivalry: Threats and perspectives. Part-1 // Institute of the Middle East. Official site. February 22, 2016. URL: http://www.iimes.ru/?p=27532 (Accessed: 11/26/2016).

www.ingramcontent.com/pod-product-compliance
Lightning Source LLC
LaVergne TN
LVHW010551070526
838199LV00063BA/4945